7つの習慣×アクティブラーニング

最強の学習習慣が生まれた!

小林昭文［著］
産業能率大学教授
フランクリン・コヴィー・ジャパン［監修］

産業能率大学出版部

はじめに

この本は以下の二つの側面で行き詰まりを感じている方にお役に立ちます。

第一の対象は、教科科目の授業をアクティブラーニング型（ＡＬ型）に切り替えようとして苦戦している先生たちです。第二の対象は「７つの習慣」に代表されるビジネス社会で成果を上げている理論やスキルを学校社会に導入して教育改革を試みているものの、うまくいかないと感じている方たちです。

その困難の根本的原因は、工業化社会から知識基盤社会へと世界中が変化する過程で、学校社会とビジネス社会が大きな食い違いを起こしているからです。

第一の場合は、文部科学省の動きに呼応して、ワンウェイの授業から脱却しようと、ＰＣやタブレット、プロジェクター等々の機材を持ち込み、ペアワークやグループワークを取り入れている先生たちが直面します。ＡＬ型に切り替えてしばらくは生徒たちが喜んで活性化するものの、ある時期を過ぎると生徒たちは沈静化してきます。成績も停滞します。場合によっては生徒や保護者から不満の声が上がります。その結果、先生たちは「これなら前の授業のほうがいい」と元の授業に戻りかねません。

第二の側面は、ビジネス社会の理論やスキルを専門家が学校に導入する場合です。これまでに、「7つの習慣」以外にもキャリア教育、道徳教育、いじめ防止教育、カウンセリング、コーチング、メンタリング、選択理論、ブレークスルー思考等々が導入されました。しかし、なかなか学校社会は変化しませんでした。その多くが撤退するか、学校社会の一部だけに何とか残るのが精一杯でした。たとえば、年間数回のイベント的な特別授業や教育相談室や部活動指導や特定の担任のクラス指導などです。

これらを解決する方向性を示そうというのが本書のねらいです。

その鍵は、学校教育の本丸というべき教科科目の授業を、ビジネス社会の理論・スキルを使ってつくり変えることでした。この授業はＡＬ型授業でなくてはなりませんでした。私はビジネス社会の理論やスキルを応用して高校物理の授業をＡＬ型につくり変えて「居眠り防止」「成績向上」「進度向上」などの成果を上げました。

その過程を「7つの習慣」の学習を進めながら振り返ることで、整理することができできました。その過程を示すことで、標記の二つの側面で悩んでいらっしゃる皆さんに、その壁を越える方法を示すことができたと思います。

学校の先生たちには、教科科目の授業をＡＬ型授業に切り替えるだけでなく、その授業のプロセスを通して知識基盤社会に必要な力を、どうやって生徒たちに身につけさせるかがヒントになります。授業のみならず、ホームルーム指導、生徒指導（生活指導）、部活動指導、キャリア教育の場面でも同じ方向性を生徒に示すことが大切なのです。

ビジネス社会の理論・スキルを学校社会に持ち込もうとしている方は、その方法を教科科目の授業の中に入れ込むことです。それには授業者である先生たちとの深い相互理解が不可欠です。本丸を抜きにして外堀だけを埋めようとしても大した効果がないことを理解してほしいのです。

私は現在、文部科学省が推進している授業改善の動きは、困難なこの時代を乗り越えるのに不可欠だと思っていますし、国民運動にならなくてはならないと感じています。この本が、学校教育に関わるすべての人たちが理念を共有し、学校社会とビジネス社会をつなげる一助となることを期待しています。

二〇一六年二月

小林昭文

目次

1章

アクティブラーニングは何のために行うか？

産業・工業生産社会から知識基盤社会へ

現代は「知識基盤社会」時代だといわれています。これは、産業革命によって出現した「産業・工業生産社会」との比較から生まれた言葉であり、産業・工業生産社会とは、工場に行って指示されたとおりの仕事をきちんとこなすことで給料をもらうシステムを指します。労働の内容も毎日ほとんど同じで、みんな決まった時間に仕事を始め、決まった時間に終業するという意味で、「工業化」社会とも呼ばれています。

この産業・工業生産社会の時代は、日本ではいわゆる護送船団方式による終身雇用が約束されていました。定年まで同じ会社でリスクもほとんどなく働き続けることができるため、個人にとっては将来設計も比較的しやすい状況にありました。

物をつくれば売れる時代でしたから、大量生産、大量消費が続きました。経済は右肩上がりの成長が続き、毎年、新卒の人材が大量に採用されました。

こういうときに企業が求めるのは、言われたことを従順に行うことができる人材です。どちらかというと、個性よりも同一性、独創性よりも協調性が求められた時代といえるでしょう。それに呼応するかのように、学校教育でも同一性、協調性を重視する教育が行われてきました。

このような社会では、一％のリーダーと九九％のフォロワーで組織が構成されます。その状況を根底から支えてきたのが、「ヒドゥンカリキュラム」と呼ばれる、忍耐強さ、従順性、協調性を重視する暗黙の規則といえるでしょう。「ヒドゥンカリキュラム」とは、具体的にいうと、私語の禁止、居眠り禁止、わき見禁止、遅刻欠席厳禁、制服の義務付け、板書&ノート必須といった、「隠れたプログラム」のことです。これによって、理想的なフォロワーが形成されていったのです。

しかし、この工業化社会はやがて限界を迎えます。ある意味、資本主義社会の飽和といえるかもしれません。オールドエコノミー（工業化社会）からニューエコノミー（知識基盤社会）の時代がやってきたのです。

変化の要因はさまざまなことが考えられますが、最大の要因としては、人や物質の大量高速移動が可能になったことがまず挙げられます。すべてのスピードが格段に速くなったことで、働き方やライフスタイルなど、あらゆる常識や前提が大きく崩れ、変化していきました。

もう一つは、コンピュータとインターネットによるユビキタス時代の到来です。その結果、国と国の境目だけでなく職種の境目も曖昧になり、さらに、リーダーとフォロワーの境目がなくなるというボーダレス社会が出現しました。

それまでは豊富な知識を持っている人がリーダー、持たない人がフォロワーという漠然とした区分けになっていましたが、ユビキタス時代の到来によって、知識量における個人差が非常に少なくなり、リーダーとフォロワーの境目が曖昧になってきました。豊かな教養や優れた記憶力がなくても、ネットにアクセスすれば、誰でも多くの情報を集めることが可能になったからです。

このように、知識の価値やありようの変化によって訪れたものであることから、この新しい時代を知識基盤社会と呼ぶようになりました。

その結果、これまでの古典的な組織論やリーダー論、あるいはフォロワーたちの従来の生き方や働き方も通用しなくなってきています。

社会学者の山田昌弘氏（＊1）は知識基盤社会に対して、「個人の人生を歩いていくときのリスクが大変大きくなった。社会システムに乗っかってみんなと一緒に歩いて行けば確実だったのに、あちこちに穴があいて、そうはいかなくなっていることが、知識基盤社会の暗い面である」と指摘しています。

知識基盤社会ではあらゆる面において変化が激しいため、個々が現場で即座に意思決定しないと間に合いません。つまり、一人ひとりがリーダーになる必要があるわけです。

その結果、労働力の流動化が進み、終身雇用制度は崩壊し、非正規雇用の労働者が増えました。リスクの大きな格差社会が到来したわけです。

従来の護送船団方式では組織が生き残ることはできなくなり、個人においても将来設計が非常に難しくなってきました。

工業化時代、特に大企業においては、終身雇用制度によって社員は守られていました。学校教育も、会社（工場）のラインを忠実に作業できる人材を育て、輩出するシ

＊1
日本の社会学者・コピーライター、中央大学文学部教授。専門領域は家族社会学・感情社会学ならびにジェンダー論。

ステムになっているので、そのまま学校を出て就職しさえすれば、個人の生活は会社が一生にわたり守ってくれたわけです。

しかし、今は多くの企業で六五歳まで働くことが可能になりました。大学を卒業して二二歳で就職した人は、実に四三年間も働くことになります。

一方、企業の平均寿命は、二五年とも三〇年ともいわれ、個人の労働期間のほうが企業寿命よりも長くなっています。つまり、終身雇用というシステム自体がすでに破綻しているのです。

倒産企業の平均寿命推移

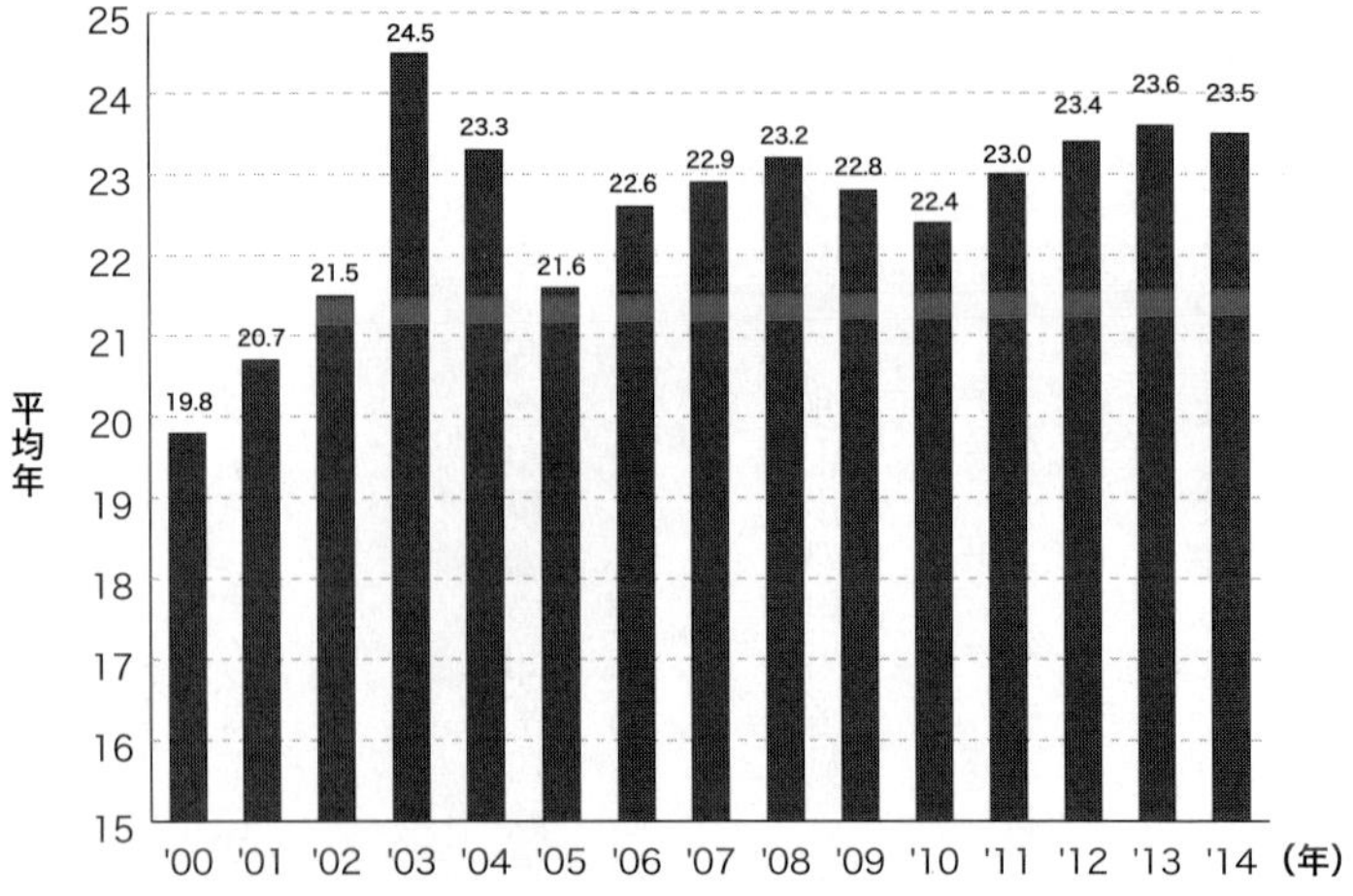

※倒産した企業のうち、業歴が判明した企業をもとに算出
「倒産企業の平均寿命」調査（東京商工リサーチ、2014年）より作成

さらに、企業寿命三〇年の中身も、同じ事業をずっと続けてのものではなく、さまざまな可能性に挑戦し、変化し続けた結果の継続であり、工業化時代とはまったく異なる様相を示しています。

入社するときに業界のトップシェアを誇っていた企業が、一〇年後もトップであるという保証はどこにもありません。それどころか、その業界自体がどうなっているかということすらも不透明な時代になっているといえるでしょう。

このような激しい変化の中、従来のリーダーの知識やスキルは古くなるばかりで、「上司の指示を待つ」人材は今日のビジネス社会では生き残ることが難しくなっています。

従来の教育カリキュラムが通用しづらくなり、リスクも格差も大きくなった知識基盤の時代、個人に求められるのは、社会に出てからも自分の能力を高めるために学習し続け、成長を続けること。横並びの価値観ではなく、一人でも生きていくことのできる「インテリジェント（賢い）で自在なキャリア形成」が求められているのです。

工業化社会から知識基盤社会への変化

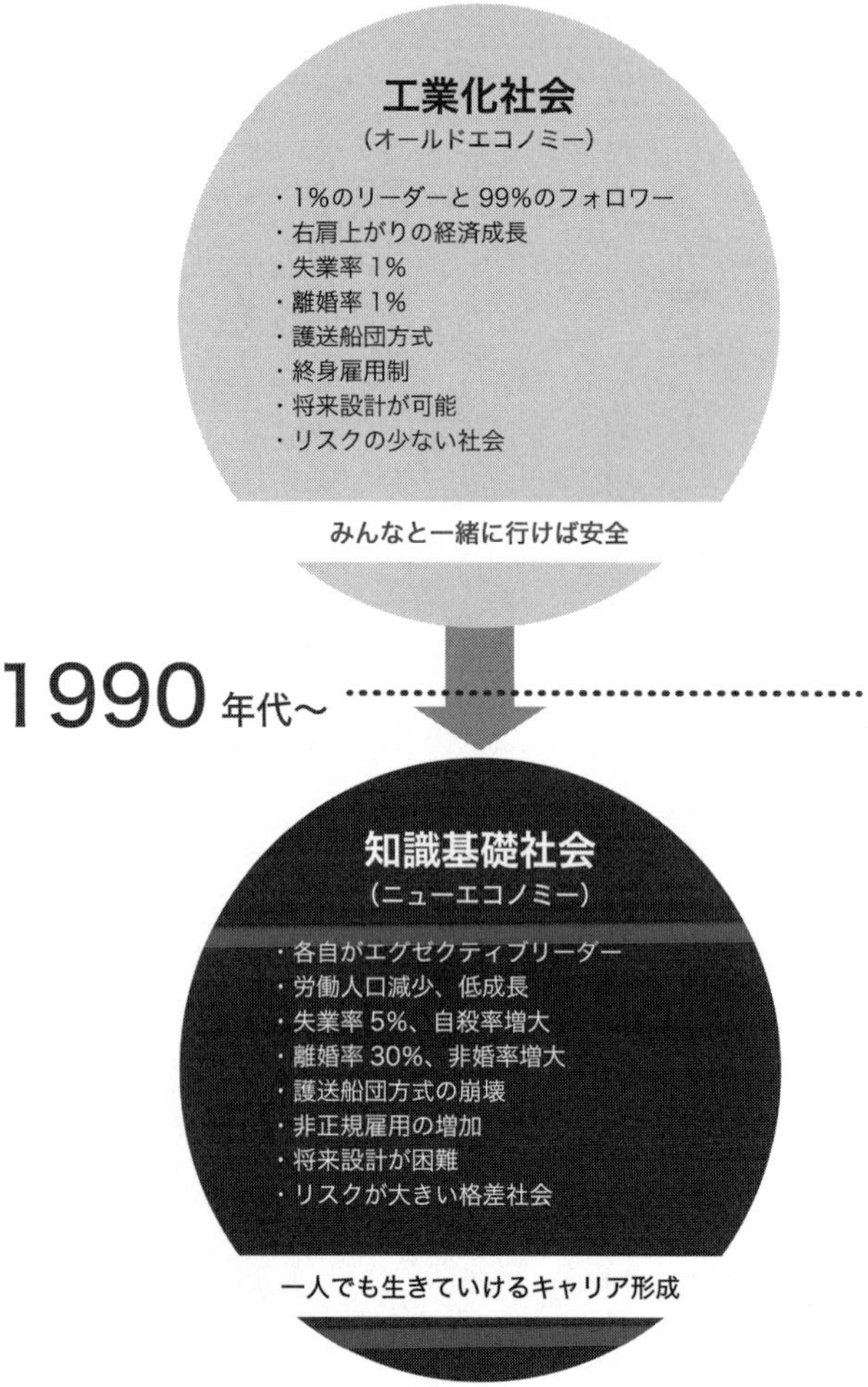
工業化社会
（オールドエコノミー）
・1%のリーダーと 99%のフォロワー
・右肩上がりの経済成長
・失業率 1%
・離婚率 1%
・護送船団方式
・終身雇用制
・将来設計が可能
・リスクの少ない社会
みんなと一緒に行けば安全
1990 年代～
知識基礎社会
（ニューエコノミー）
・各自がエグゼクティブリーダー
・労働人口減少、低成長
・失業率 5%、自殺率増大
・離婚率 30%、非婚率増大
・護送船団方式の崩壊
・非正規雇用の増加
・将来設計が困難
・リスクが大きい格差社会
一人でも生きていけるキャリア形成

学校社会とビジネス社会はこれだけ違う

工業化社会（産業・工業生産社会）から知識基盤社会への大転換が起こり、企業や組織で働く環境や状況も大きく変わったことから、結果を生み出すことのできる人材、期待される人物像にも大きな変化があるのは当然のことです。

しかし、学校教育は以前とほとんど変わっていません。時代が変わってしまったにもかかわらず、産業時代と同じような教育プログラムによって人材育成をしているため、時代が要請する人材と教育機関が輩出する人材との間に、大きなギャップが生まれているのが実情です。

では、現在の知識情報社会における労働の環境や状況と、学校教育の現場で行っている指導がどのように違っているのかを見てみましょう。

社会にはチャイムもなければ決まった席もない

学校では必ず授業の始まりと終わりにはチャイムが鳴ります。生徒たちはそのチャイムを合図に席に着いたり、休憩に入ったりします。

つまり、チャイムの音によって行動がコントロールされているわけです。ところが、いったん社会に出ると、チャイムによって行動を変える機会などありません。

一斉に作業を行う工場や、お客様に時間やタイミングを知らせる必要のある場合など、一部の職場においては存在していますが、多くの事務系の職場ではチャイムどころか、勤務時間もフレックスタイム制を敷くところが多く、職種によって勤務時間はさまざまです。

そういう職場では、開始時間や終業時間は自分やチームで決めて行動します。つまり、自分や自分たちで時間をコントロールしなければなりません。チャイムの鳴る音によって行動を起こせばよかった学生時代とは異なり、主体的・協働的に行動しなくてはならないのです。

正解は一つではない。利害関係者のニーズに応えることがビジネス

学校のテストでは、例外を除けば、正解は一つです。採点し、その得点で順位をつ

け、成績を評価する必要があるからです。

ですから、生徒たちも「一つしかない正解」に固執します。この答えでなければだめだと教えられているので、その答え以外の解には価値がないのです。

一方、仕事を行ううえで、答え（ビジネスでは商品やサービス、ソリューションなど解決策にはさまざまな形があります）は、決して一つではありません。一つではないというよりも、どれが正解なのか誰にもわからないといったほうが正しいかもしれません。

それは、ビジネスにおいて起こる問題には、一つとして同じ例がないからです。過去に似たようなことがあったとしても、環境や状況は刻々と変化しており、その変化に対応する答えを常に考え、市場に提案し続けていくことが求められています。

学校のテストの答えは常に同じですが、ビジネスでは過去の成功が今日も通用するとは限りません。それどころか、「昨日の成功ほど、失敗するものはない」とすらいわれているのが現実です。過去と同じことをしていたら、むしろ失敗する可能性のほうが高いといっても過言ではありません。

仕事の大半はコミュニケーションの上に成り立つ。協働し成果を生んでこそ評価される

学校の授業ではほとんどの場合、隣の人や近くの人との会話は禁止されています。先生からは「静かにしなさい」「黙ってやりなさい」と言われ、問題や作業に対して一人で取り組むことが前提になっています。

しかし、職場で黙っていては仕事になりません。もちろん、一人で資料をまとめたり、調べものをしたりする場合もありますが、仕事というのは原則として、社内の多くの人たち（あるいは社外の人たち）との協力によって成立するものであり、そこにはコミュニケーションが不可欠です。黙っていては何も伝わりませんし、理解し合うこともできません。

なぜ、そのようなシステムになっているのかというと、一人でやるよりもチームで行ったほうが、より大きな成果を生み出すことができるからです。一人ではわからなかったことも、誰かに聞いたり協力を仰いだりすることで、できるようになります。

また、困っている人がいたら助け合うことも必要です。誰かに教えてもらうこと

も、教えてあげることも勉強であり、相互に成長し合う絶好の機会となります。そうしたやり取りの連鎖によって組織の貴重な人材が育っていくわけです。

経産省が打ち出した「社会人基礎力」

二〇〇六（平成一八）年に経済産業省は、「基礎学力」「専門知識」に加え、今、それらをうまく活用し、「多様な人々とともに仕事を行っていく上で必要な基礎的な能力＝社会人基礎力」が求められている、という提言を行いました。

「社会人基礎力」とは、経産省の資料から引用すると、「職場や地域社会で多様な人々と仕事をしていくために必要な基礎的な力」のことで、「前に踏み出す力」「考え抜く力」「チームで働く力」の3つの能力（12の能力要素）から構成されています。

また、「企業や若者を取り巻く環境変化により、『基礎学力』『専門知識』に加え、それらをうまく活用していくための『社会人基礎力』を意識的に育成していくことが今まで以上に重要となってきています。社会人基礎力育成の原点は、『自分の力で考え、選択し、行動する』ことにあります。自分が直面している状況を自分の力で認識し、その状況に対する自分の対応能力の棚卸しを行い、どのような能力を発揮するこ

今、社会（企業）で求められている力

「基礎学力」「専門知識」に加え、今、それらを活用し、「多様な人々とともに仕事を行っていく上で必要な基礎的な能力＝社会人基礎力」が求められている。

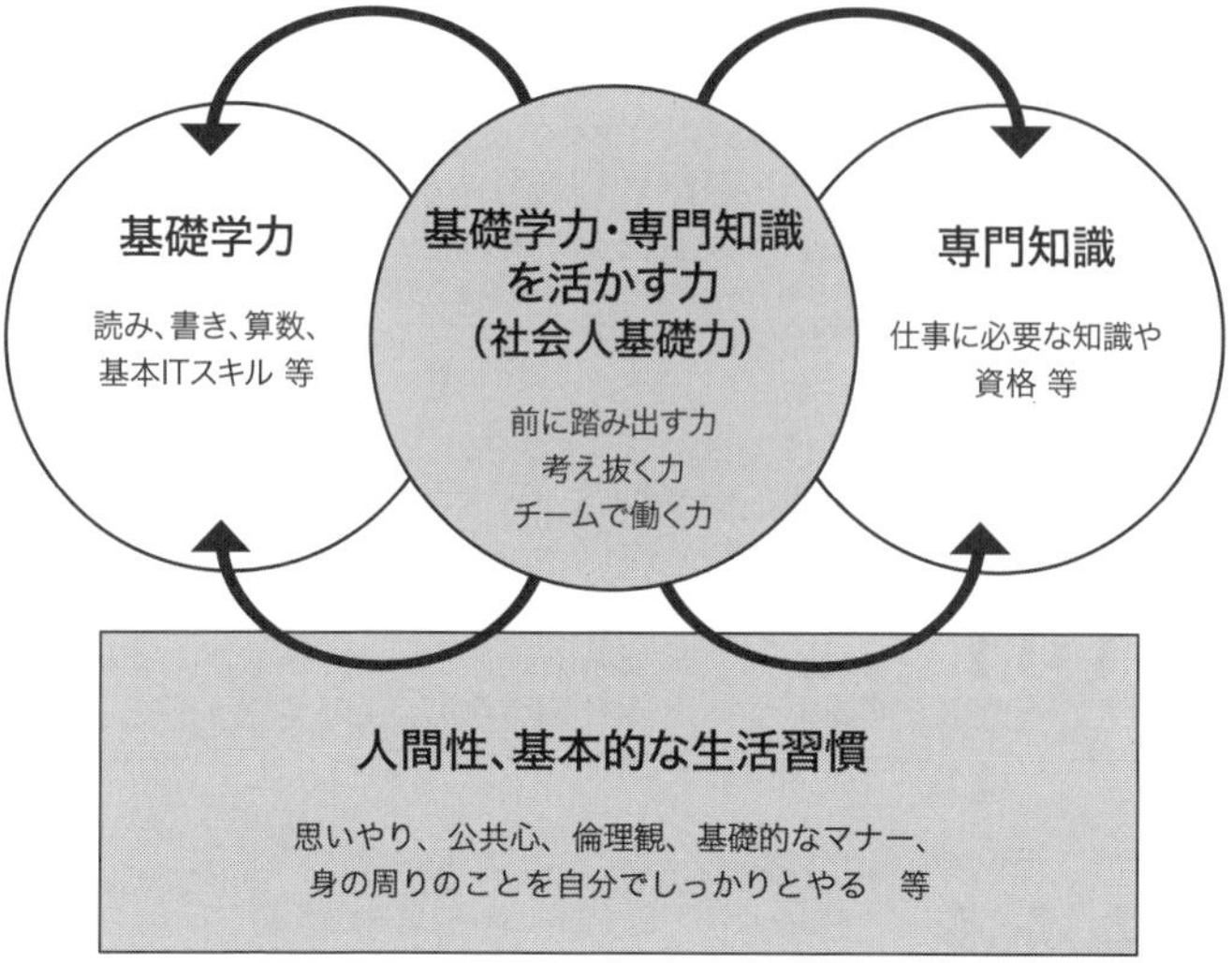

経済産業省の資料より作成

社会人基礎力とは

平成18年2月、経済産業省では産学の有識者による委員会(座長:諏訪康雄法政大学大学院教授)にて、「職場や地域社会で多様な人々と仕事をしていくために必要な基礎的な力」を下記3つの能力(12の能力要素)から成る「社会人基礎力」として定義づけた。

3つの能力/12の能力要素

前に踏み出す力(アクション)
～一歩前に踏み出し、失敗しても粘り強く取り組む力～

主体性 …… 物事に進んで取り組む力
働きかけ力… 他人に働きかけ巻き込む力
実行力……… 目的を設定し確実に行動する力

考え抜く力(シンキング)
～疑問を持ち、考え抜く力～

課題発見力… 状況を分析し目的や課題を明らかにする力
計画力……… 問題の解決に向けたプロセスを明らかにし準備する力
創造力……… 新しい価値を生み出す力

チームで働く力(チームワーク)
～多様な人々とともに、目標に向けて協力する力～

発進力……… 自分の意見をわかりやすく伝える力
傾聴力……… 相手の意見を丁寧に聴く力
柔軟性 …… 意見の違いや立場の違いを理解する力
状況把握力… 自分と周囲の人々や物事との関係性を理解する力
規律性 …… 社会のルールや人との約束を守る力
ストレスコントロール力…… ストレスの発生源に対応する力

経済産業省の資料より作成

とがより有効なのか、また欠けている力に関しては、どのようにその力を開発していくのかを、当事者意識をもって学生自身が取り組まなければなりません。主体的に考え、行動することを通じてこそ、若者達は社会に出てから直面するリアリティショックを乗り越え、活躍していく力を身につけることができるのです」とあります。

この提言の背景にあるのは、企業と学生の認識のギャップのようです。

二〇〇九年、経産省が発表した「大学生の『社会人観』の把握と『社会人基礎力』の認知度向上実証に関する調査」の結果を見てみましょう。企業側と学生側、両者の認識の違いがよく表れています。

次のページのグラフは、「自分がすでに身につけていると思う能力は?（対学生）」「学生がすでに身につけていると思う能力は?（対企業）」という質問に対する結果です。

「粘り強さ」「チームワーク力」について、学生側は自分たちが身につけていると認識していますが、企業側ではまったくそのように捉えていません。逆に「ビジネスマ

Q　自分がすでに身につけていると思う能力は？（対学生■）
　学生がすでに身につけていると思う能力は？（対企業■）

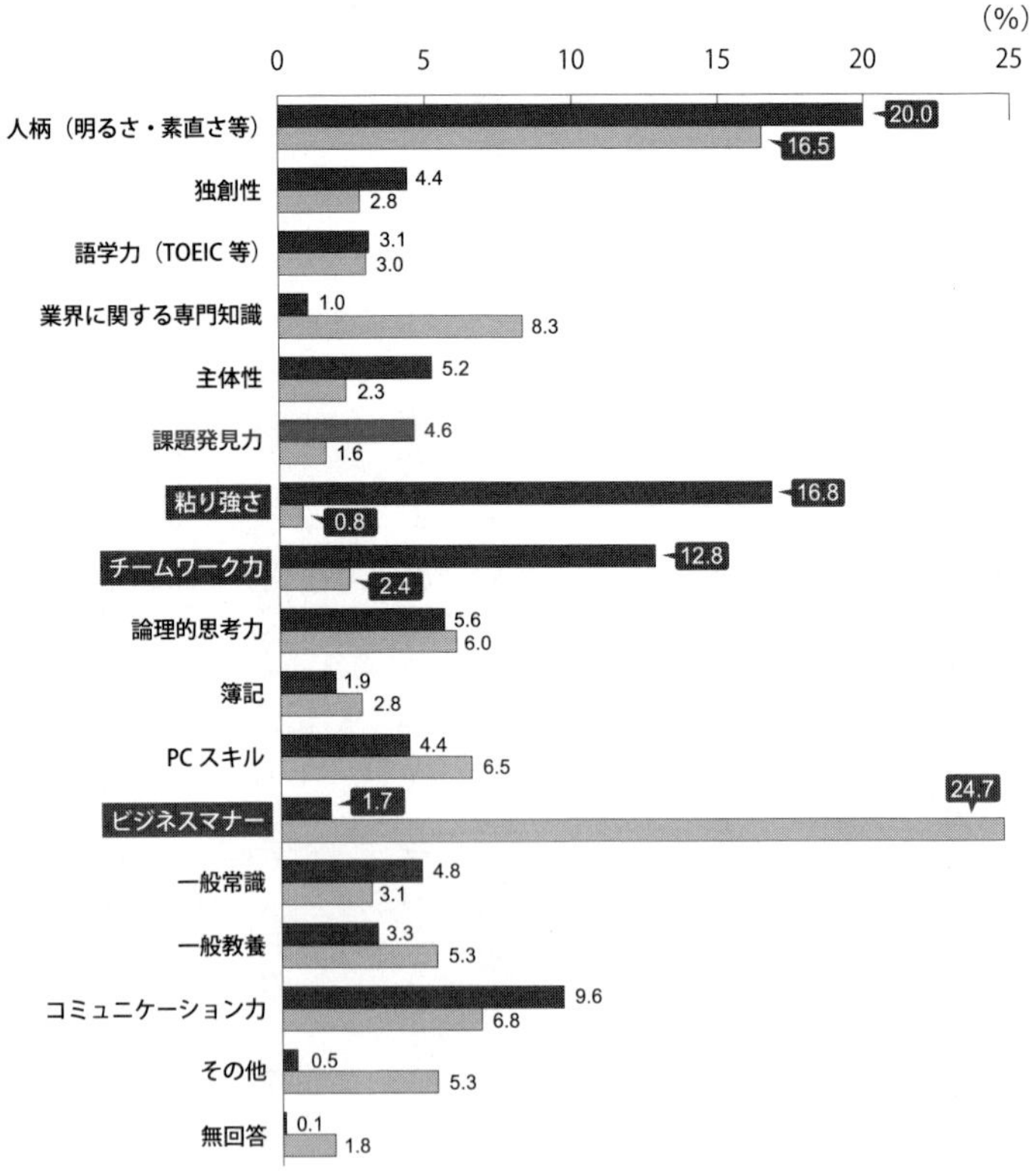

「大学生の『社会人観』の把握と『社会人基礎力』の認知度向上実証に関する調査」（経済産業省、2009年）より作成

Q　自分に不足していると思う能力は？（対学生 ■）
学生に不足していると思う能力は？（対企業 ■）

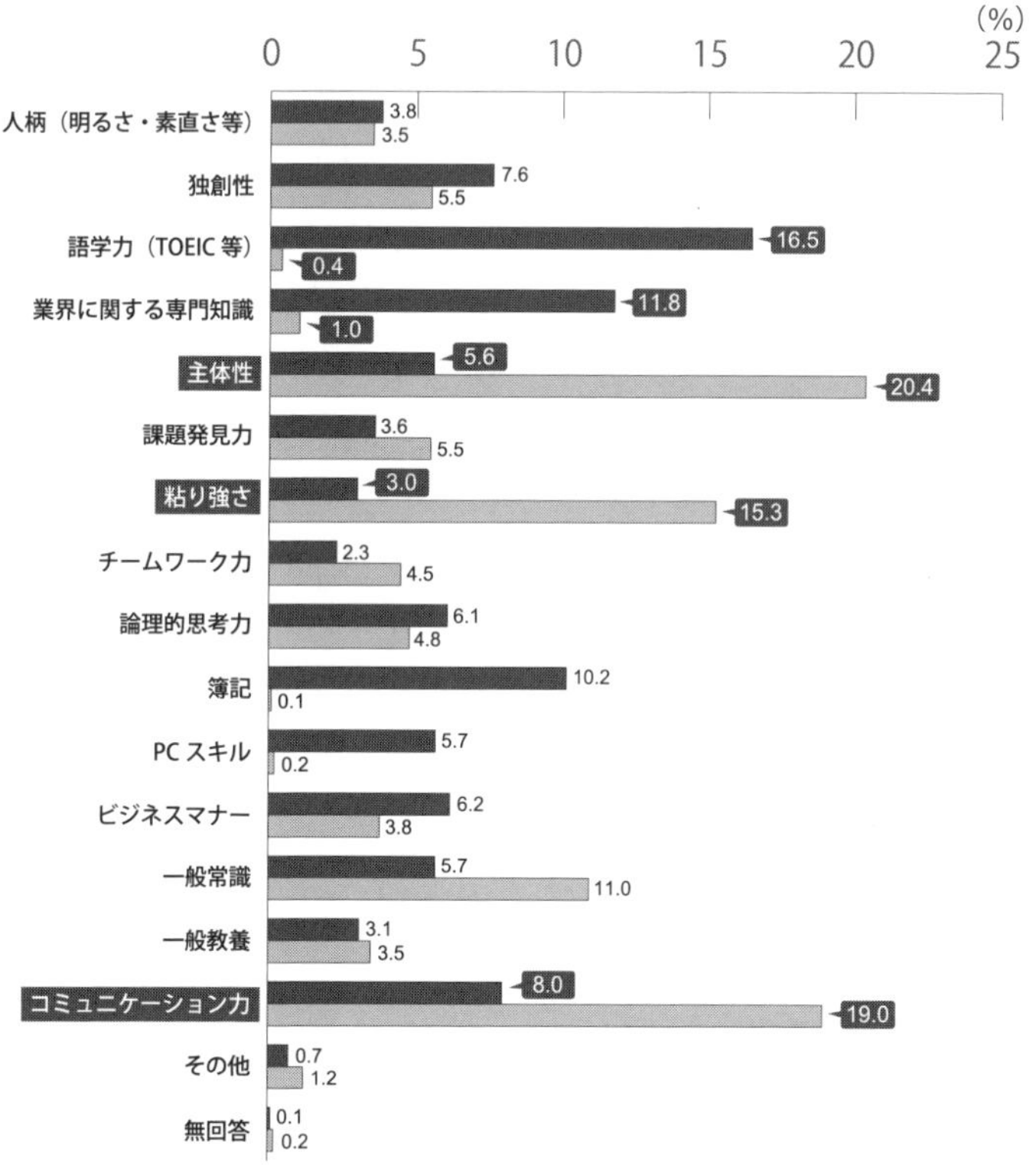

「大学生の『社会人観』の把握と『社会人基礎力』の認知度向上実証に関する調査」
（経済産業省、2009 年）より作成

ナー」に関しては、学生側の自信のなさに反して、企業側は高く評価しています。

二九ページのグラフは、「自分に不足していると思う能力は？（対学生）」「学生に不足していると思う能力は？（対企業）」という質問の結果です。

これを見ると、あらゆる項目で大きなギャップが存在していますが、特に顕著なのが「主体性」「粘り強さ」「コミュニケーション力」の三つです。企業側から学生たちにとても不足していると見なされているのがよくわかります。裏を返せば、それらの能力こそ、企業側が望む人材像といえるでしょう。

同様の傾向は、五年後の二〇一四年に日本経済団体連合会が行った「新卒採用に関するアンケート調査」の結果にも表れています。

この結果を見ると、やはり企業としては、「コミュニケーション能力」「主体性」「チャレンジ精神」「協調性」といった能力、コンピテンシーを持つ人材を望んでいることがわかります。

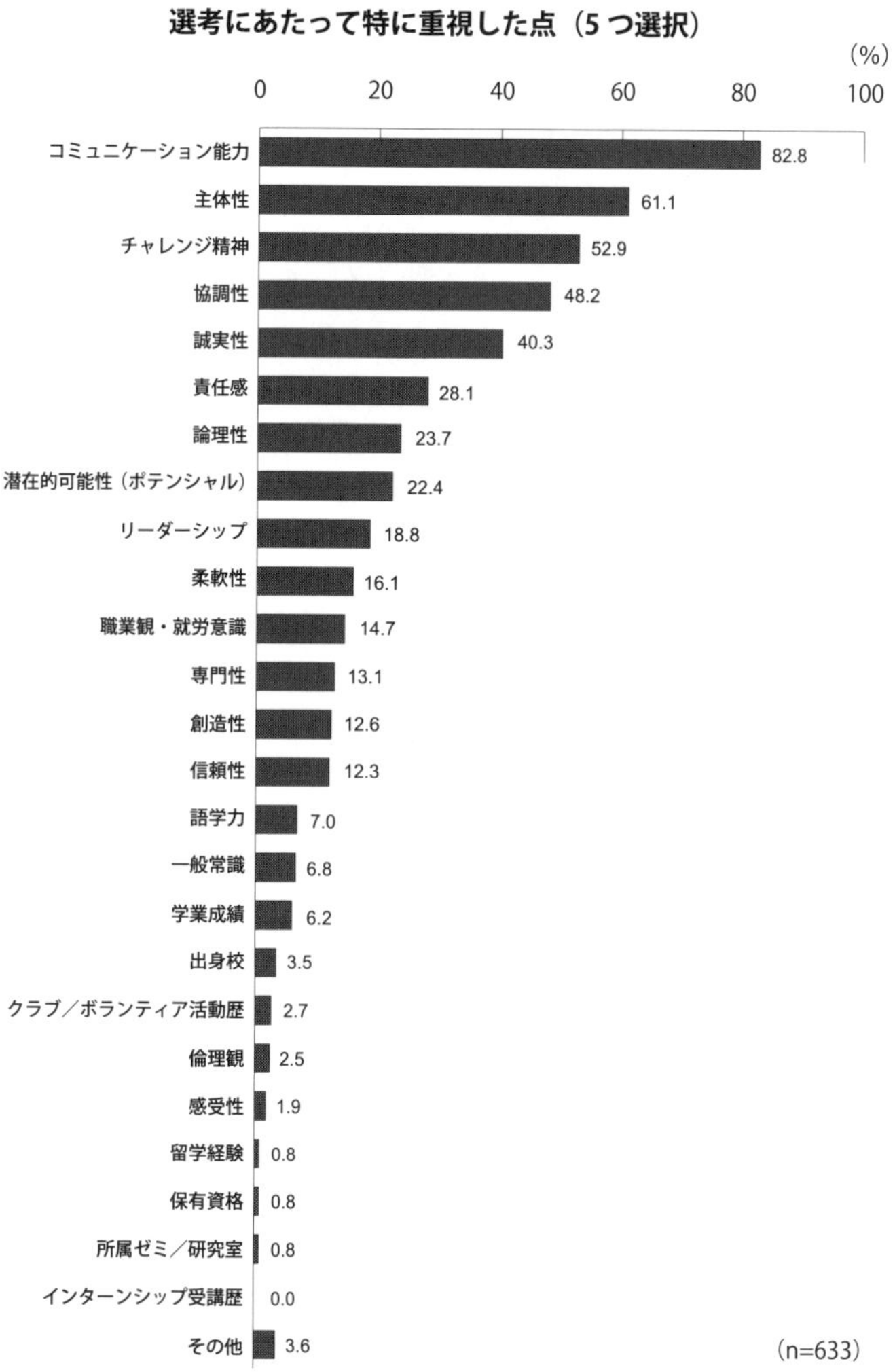

「新卒採用（2014年4月入社対象）に関するアンケート調査結果（2014年9月29日）」
（一般社団法人　日本経済団体連合会）より作成

学校と企業のパラダイムの違いを実体験

実は私自身も、企業が持つパラダイムと学校が持つパラダイムの違いに愕然とした経験があります。

私のクラスに、評定平均値が四・九という、非常に優秀な女子生徒がいました。これは三年間ほとんどの教科の成績が五段階評価の五ということです。

この生徒が就職することになり、ある一流企業を志望しました。担任としては、これだけ優秀な生徒なので絶対に合格すると思い、報告を楽しみにしていたのですが、なんと結果は不合格でした。

そんなはずはないと思い、その会社に電話して聞いてみたところ、「とてもよいお嬢さんなのですが、自分の意見を何も言ってくれないんですよね。うちの会社にはちょっと合わないように思います」と言われました。

私自身もショックでしたが、生徒にとってはもっと大きなショックだったはずです。

極論すれば、教師というのは、この学業成績のために、「先生の言うことを聞きなさい」と生徒を指導し、縛り続けているわけです。ずっと先生の言うとおりのことをやってきて、素晴らしいと言われ、高い評価をもらい続けてきたにもかかわらず、その生徒は「社会では通用しません」と言われてしまったことになります。これでは、小、中、高校と積み重ねてきた教育を否定されたようなものです。

もちろん、学業成績を否定するわけではなく、成績が重要なことはいうまでもありません。ただ、企業が望んでいるのは必ずしも教科の成績だけではないということ、それ以上に社会では重要なことがあるということを痛感しました。

増える一方の教師の仕事

　このような例は枚挙にいとまなく、現場の教師たちは、そういう状況の中でとても苦労しています。学校や教育委員会としてもいろいろな対応策を打ってはいますが、総合的な学習の時間、キャリア教育、進路指導のイベント、特別な講習会や講演会、あるいはインターンシップなど、どれも教科科目の授業外の時間を使うしかありません。本来の授業だけでも目一杯のところに、教科科目の時間外に特別な指導を計画したり、そのための教員向けの研修に参加したりすると、やればやるだけ教員側の負担が増えてしまうことになります。

　真面目な先生は新しいことをどんどんやろうと頑張りますから、その分、授業の準備に使う時間が減ってしまい、最悪の場合、授業の質が落ちるということにもなりかねません。授業の質が落ちるというのはどういうことかというと、多くの場合、一方通行でしゃべるだけの授業になります。何の準備もしなくても、一応は専門家なので、自分が知っていることをただ話し続ければ、とりあえず授業自体は成立するからです。

しかし、受けている生徒たちからすれば、たまったものではありません。一方通行で押し通されれば欲求不満になりますし、学習意欲も低下するでしょう。そうやって、結局、生徒側にツケが回ってしまうとしたら本末転倒という他ありません。

それ以外にも、授業以外の仕事が今、非常に増えています。特に、生徒指導は大変です。生徒が外で問題を起こせば警察に呼ばれますし、謹慎処分を下すとなれば家庭訪問も必要になるでしょう。心理的な問題がある場合は、カウンセラーやお医者さんとの連携も必要になります。そうしたことが、今の学校では日常茶飯事になってきています。

また、「このようなことが起こるのは生徒たちの道徳心に問題があるからだ、その対策に道徳教育をやろう」「著名な人をお呼びして講演をしてもらおう」などとなると、担当になった先生は、それはもう大変なことになります。誰に講演を依頼するか、いろいろな人に相談し、候補者に打診し、日程調整を行い、決まったら学校の教務につなぐ必要があるので、そのために職員会議を持ち、提案書をつくり、公立の場合は謝礼金を払うための申請を自治体に行い……など、通常の授業や生徒指導の合間にそれらをこなさなければならないのです。

古い資料ですが、二〇〇六年に実施された文部科学省による「教員勤務実態調査」では、一九六六年の調査結果に比べて、通常期の小中学校の教諭の残業時間が一日当たり平均約二時間、一ヵ月当たりで三四時間になるなど、教員の残業時間の平均が大きく増加（約四倍）しています。

「児童生徒の指導に直接的にかかわる業務」の項目を見ても、部活動や給食・栄養指導、清掃指導、登下校指導・安全指導、生活相談、カウンセリングなど、直接的な教育指導（教科科目の授業）には当たらないものが多く含まれており、それらの業務に多くの時間が割かれていることがわかります

一方、民間の時間外労働について見てみると、厚生労働省の調査（事業規模５人以上。二〇一二年五月確認）によると、一ヵ月当たり一〇・二時間（事業規模三〇人以上は一二・一時間）、比較的残業が多いといわれる製造業でも一三・九時間（事業規模三〇人以

上は一五・三時間）となっています。

さらに、二〇一二年に東北大学大学院教育学研究科教育行政学研究室が実施した調査によれば、前述の二〇〇六年調査よりも残業が長時間化した可能性があること、持ち帰り業務については、小学校では二〇〇六年調査よりもやや短い結果が得られたこと（二〇〇六年：三三分→二〇一二年：三一分）、中学校ではやや長い結果が得られたこと（二〇〇六年：二〇分→二〇一二年：二八分）が指摘されています。

また、国際的に見ても日本の教員の勤務時間は長いようです。「図表で見る教育」（OECDインディケータ、二〇一二年版）によれば、日本の教員の合計法定勤務時間（一八七六時間）は、OECD平均（初等教育一六七八時間、前期中等教育一六七三時間、後期中等教育一六七六時間）よりも大幅に上回っています。これに対し、授業時間数そのものは、初等教育七〇七時間、前期中等教育六〇二時間、後期中等教育五〇〇時間と、すべての教育段階においてOECD平均（それぞれ七八二時間、七〇四時間、六五八時間）よりも短くなっています。

「法定外の勤務時間」の実態を勘案すれば、日本の教員の勤務時間の長さは非常に突出したものといえるでしょう。

　そんな状況下、現場の先生たちは「授業の準備時間が足りない」と感じています。前出の文科省による「教員勤務実態調査」にもその結果ははっきりと表れており、「やるべき仕事」が増えすぎているために、本来、教師にとって最も大切な仕事であるはずの国語や数学などの授業の準備に費やす時間が足りなくなってし

教員の勤務実態

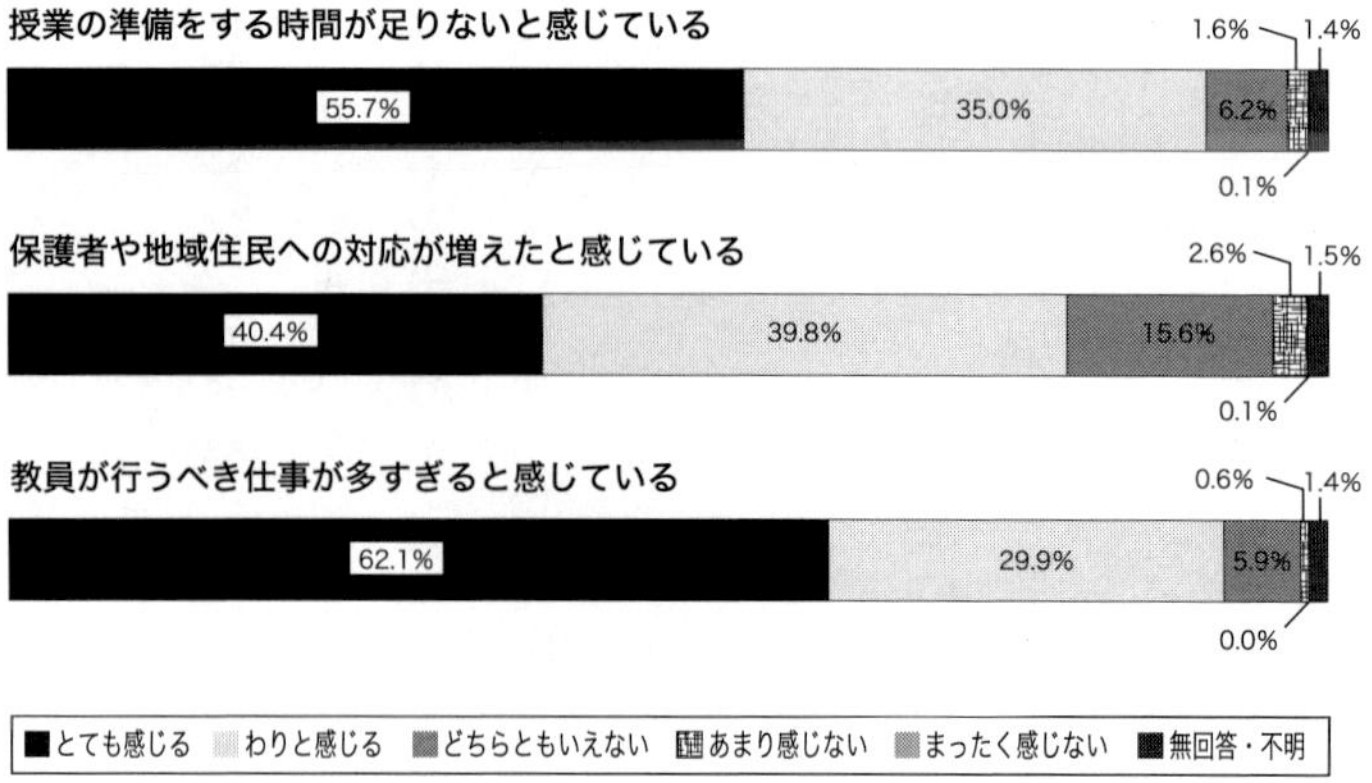

文部科学省委託調査研究「教員勤務実態調査（小・中学校）報告書（平成18年度）」より作成

まっているのです。

授業以外での活動が増え続ける

戦後の教育行政の特徴的な点として、新しい指導や対策などを導入する際、教科の授業の中ではなく、それ以外の道徳の時間、総合学習の時間、キャリア教育などの枠で行うことがほとんどだということが挙げられます。私の知っている範囲でいえば、ほぼ例外はありません。

その結果、いくらやってもうまくいきません。なぜでしょうか。一つはすべての生徒が最も多くの時間を過ごす教科科目の授業の時間はそのままにしておいて、その外側で少しの時間だけ指導をしてもあまり効果が期待できないということです。

さらに、もっと大きな問題があると感じています。それは、日ごろ、教科科目の中で伝えているメッセージと、授業の枠外で生徒に伝えているメッセージとの間に矛盾があるからです。

次のページの図を見てください。内側の円は教科授業、外側の円はそれ以外の新しい指導を意味します。

たとえば、キャリア教育とか道徳教育の際、私たちが生徒に教えるのは、「困ったらSOSを出しなさい、相談しなさい」「困っている人を見たら助けなさい」「みんなで協力しなさい」「手を差し伸べなさい」ということです。

しかし、教科科目の授業のときには、五〇分もの間、四〇人の生徒を同じ部屋に押し込めておきながら、横を向かせない、話をさせない、協力どころかコミュニケーションすらさせないわけです。先生の説明がわからなくなって隣の友だちに「今、どの話なの?」と助けを求めようとすると、

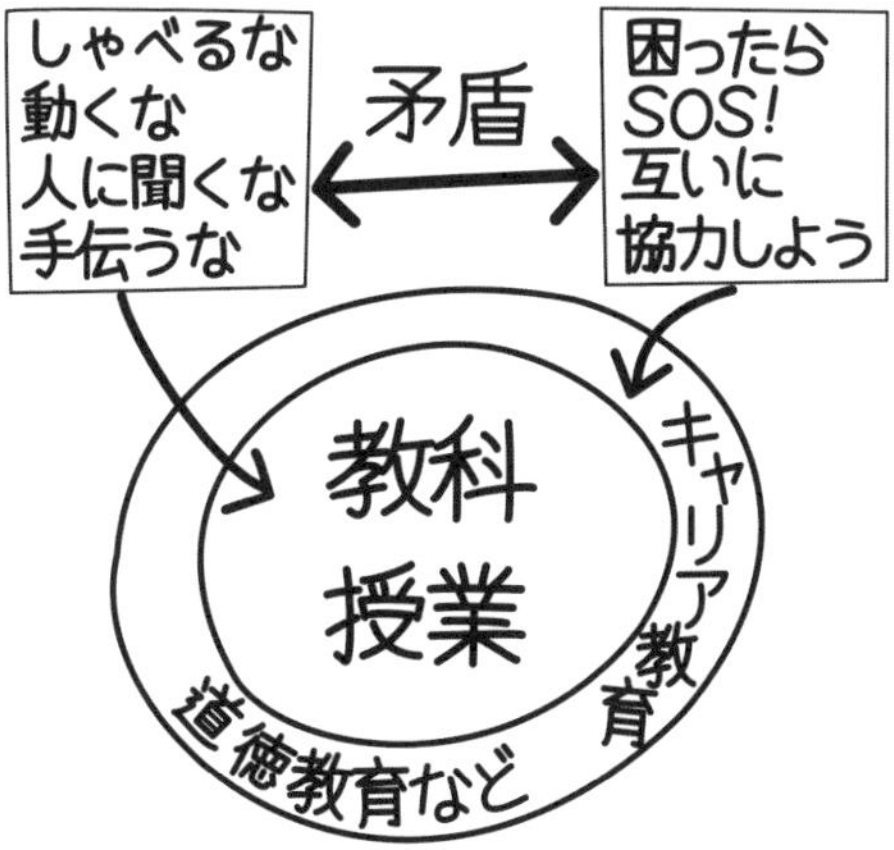

「しゃべるな！」と叱られます。さらに、先生に指されて困っている子を見て、隣の子が「ここに書いてあることだよ」などと教えようとすると、「余計なことをするんじゃない」と叱ったりさえします。

生徒の立場に立てば、「困ったら助けを求めろって言ったじゃない?」「協力しちゃいけないってことなの?」と思うはずです。「道徳で教えられたことと授業でやっていること、どっちが本当なの?」と混乱しても不思議ではありません。

こうした矛盾が起こるのは、歴史的に見れば必然なのかもしれません。なぜなら、日本の学校教育とは、工業化社会に適応できる優秀な工場労働者を育成するために、約一〇〇年かけて最適化されてきたものだからです。そのエッセンスが、いまだ教科授業の中に色濃く残っている状態で、枠外から一生懸命に杭を打とうとしても何も変わらないのは当然のことです。

だからこそ私は、この教科授業の部分から変えるべきだと考えます。この円の内側の教科の授業の部分と実社会での現状がきちんとリンクした形で授業が行われるようになれば、生徒たちも自分で考えて動くようになっていくはずです。

先生がやるべきことは、普段の教科授業の中で、生徒の主体的で協働的な学びを促進させるような仕掛けを打ち続けることであり、この部分が変わっていけば、外枠の特別カリキュラムなどなくても、どんどん生徒は変化し、成長していくと思います。

今は、教科授業の中でうまくいっていないことの補完を外枠で行おうとしているにすぎず、それでは根本的に何も変わらないことを、私たちみんなが感じ始めているところではないでしょうか。

スティーブン・R・コヴィー博士の『7つの習慣　原則中心リーダーシップ』（キングベアー出版）という書籍をご存じでしょうか。企業、家庭、学校すべてにおいて、原則を中心とした、インサイド・アウトによる教育システムが必要だと説いている本なのですが、その中に次のような一節があります。

「教育者はこれまで、カリキュラムのような外部からのさまざまな推進力を爆撃のように浴びてきた。ほとんどの州（アメリカ合衆国）は、カリキュラムに特別プログラムとして人格教育を取り入れているが、これはアウトサイド・インのアプローチである。原則中心の学習環境では、インサイド・アウトのアプローチで人格教育を進める。生徒に望む人格のモデルとなる環境をつくれば、誠実、正直、信頼性といった人格の原則をわざわざ教える必要はない。これらの人格的特徴がシステムに組み込まれていれば、生徒は自然と身につけていく。生徒は、原則中心のシステムを通して人格を磨いていくのである」

コヴィー博士のいう「人格教育」を、前述した企業や社会の求める人材を育てていくことだと読み替えていただくと、私の言わんとすることとほぼ同じ意味になるのではないかと思います。

こうした幅広い意味での人格形成は、いくら外側からプログラムを持ってきてピンポイントで教えようとしても、身につくものではありません。肝心の毎日の教科授業の中で、生徒たちが自ら変わっていく機会と環境を与え、みんなでつくり上げていくことこそが必要だと考えます。

結局、道徳教育にしろ、リーダーシップ教育にしろ、授業本編の中に入れ込むことができない限り、私は効果がないと思っています。

たとえば、私が物理の授業を行う際には、「物理学者をつくる」「科学者をつくる」という理念で学習カリキュラムを組み立てています。なぜこのような理念を持ち込むかというと、生徒はいずれ社会に出ていくわけですが、学校で学ぶ時間よりもビジネスの世界で学ぶ時間のほうが圧倒的に長いからです。

中学生以降、学校教育を受ける期間はせいぜい一〇年余りのものですが、社会人として働く期間は四〇年くらいにもなります。工業化時代であれば、学校時代に成長と発達を遂げて、その能力で仕事をし続けるという考え方でよかったのですが、今はそれでは通用しません。学校で基礎をつくっておいて、さらに社会に出てからもどんどん学習し続け、成長し続ける必要があるのです。私たち人間は死ぬまで学習成長し続ける存在なのです。

そうであるならば、基礎をつくる際の理念や方向性は、ビジネス界と整合性を持つものにするべきではないでしょうか。そういう意味で、「7つの習慣」をはじめとする、ビジネスを成功に導くための優れた知識やメソッドをうまく授業の中に取り込むことが、非常に重要なことではないかと考えています。

このようにして「7つの習慣」をうまくかみ砕いて、教師が自分の教科科目の指導の中にうまく入れ込めたら、「さあ、『7つの習慣』を学ぶ時間ですよ」などと別の枠を取らずとも、英語や国語や数学の授業をやりながら、その中で少しずつ生徒たちに理解させ、身につけてもらうことができるはずなのです、

今日一日の時間割の中でも、一時間目の先生は第1の習慣の話をし、二時間目の先生は第3の習慣に重点を置いて授業を進めていく。そのようにして毎日やっていくうちに、子どもたちの中で「7つの習慣」の言葉や考え方が内在化していきます。

ほんの一例ですが、友だち同士で何かやるときに「Ｗｉｎ‐Ｗｉｎの関係をつくろうぜ」などと、いつの間にか自分たちから言い出すようになっていたりするものです。

まさに、これが内在化するということですが、「7つの習慣」を授業そのものに取

り入れていけば、浸透はとても早いと思います。

一ヵ月に一時間くらい特別な講習をやるのではなく、一日に六時間、毎日「7つの習慣」のトレーニングをしていることになるからです。そのような仕組みをつくることができれば、これまでにない授業になるのではないかと思っています。

先生たちは、もともと人格主義的なアプローチを行ってきた

人格教育やリーダーシップ教育の観点からいえば、社会で通用する人材になるためには、人格面と能力面、双方において高いレベルで備えておく必要があります。スティーブン・R・コヴィー博士は、他人から信頼を得るには、人格と能力が必要だと述べていますが、教師も同様で、生徒から信頼されるためには、人格に加えて能力が必要になります。その能力にも、知識だけではなくて、スキルが必要です。

知識というのは、教科についての知識ということであり、そこは教師の専門ですから、今までも十分に備えていると思いますが、もう一つのスキルという点については、これまであまり磨こうとしてこなかったのではないでしょうか。

人格と能力、どちらも大切ですから、まず人格面について考えてみましょう。

もともと教師という職業は「人格」を備える必要のある職業でした。「薫陶」（＊2）という言葉があります。薫陶の陶は陶器の陶です。穴があいた陶器の入れ物のこ

＊2 人徳・品位などで人を感化し、よいほうに導くこと。「よき―を受ける」「儒教の中に―せられて／福翁百話 諭吉」。

とです。中にお香を入れて焚くと、その穴から煙が出てくるようになっていて、よい香りが近くにいる人たちの着物や体に移ります。そのように、先生の素晴らしい人格を、生徒に伝えていくのが薫陶という言葉の本来の意味です。

そうした人格重視の世界に、戦後の教育システムが導入されて、工業化時代の労働者に対応できる人材を輩出すべく、ある種の価値観や思想が植え付けられていきました。そしてもともとは、人と人とのつながりの中で教え、学び合っていた世界がどんどん変質していったのではないでしょうか。

日本の工業化社会への転換は明治維新以降のことですが、戦後の急速な復興を目指す中で、この動きがますます加速されていきました。それは日本だけの責任ではなく、世界中の工業化社会としての急速な発展が根底にあってのことだと思います。

先に述べたように、工場で働くときのライフスタイルに合わせるがごとく、チャイムが鳴ったら授業、次に鳴ったら休憩、また授業、休憩、給食、授業、休憩……ずっとそういう思想の中で育成されてきたわけです。

もしかしたら昔の先生たちは、そういう機械的なシステムに非人間的なものを感じていたからこそ、かえって人間的な側面を重視したのかもしれません。もともと人に対して教えたいという意欲のある人が教師になるわけですから、そこでぶつ切りの授業を強要されたり、専門領域のことしかできないなど、産業界のシステムが学校に持ち込まれたところに対して、何となく違和感を抱き、そこで一生懸命に人間性を打ち出そうと、休み時間や放課後を使っていろいろな話をしたり、部活動を通じて大切なことを伝えようと奮闘してきたのかもしれません。

この人格重視の教育はある意味では素晴らしい日本の伝統なのだと思います。ただ、人格重視が行き過ぎて、スキル軽視になっていることもしばしばあるような気がします。

たとえば、遅刻常習の生徒がいたとします。先生は彼を呼び出してお説教をします。多くの場合、「真面目にやれ、気合を入れろ!」的な指導です。「はい、わかりました」と返事をして生徒は帰りますが、また翌日、遅刻します。すると先生は、「おまえ、俺を馬鹿にしてるのか!」と怒鳴ります。つまり、先生は生徒の行動によって人格的に傷ついたと感じているのです。別の言い方をすれば、生徒が先生を本当に尊敬していれば遅刻はしないはずだと考えていることになります。私はこれを行き過ぎた人格主義だと感じています。

私はこういう生徒に対しては、主にカウンセリングの理論やスキルを用いた指導をして成果を上げてきました。たとえば、毎日、「昨日は何時に寝たの？」と質問するだけで改善した事例があります。最初は「何時に寝たか、わかりません」と答えた生徒が、翌日からは「三時に寝ました」「一時に寝ました」「一一時に寝ました」と変化をしてきて、「先生、早く寝ると早く起きられるんですね！」と大発見をしたかのように言ったことがありました。これ以降、この生徒が遅刻指導のペナルティを受けることはなくなりました。

かなり重症だった別の生徒には、起床時刻、就寝時刻、食事の時間、好きなことをやった時間だけを記録するワークシートを作成して書くことを提案しました。ソフトボールが大好きだった彼女は、ワークシートにはソフトボールの練習時間を書き込み、表紙には好きな選手の写真をびっしり貼り付けてデコレーションをしました。楽しんで書いてくれるのですが、書き忘れることもあるし、遅刻も完全になくなるわけではありませんでした。

でも、彼女が私を「馬鹿にしている」などとは思いません。「スキルが身につくのに時間がかかるだけ」と理解していました。彼女が「先生、また遅刻しちゃった」「書き忘れちゃった」と、何かとても悪いことをして懺悔《ざんげ》するかのようにやってくるので、「いいの、いいの。人間だもの。明日から、またチャレンジしましょう」とニコニコしていました。結局、卒業も危ぶまれていた彼女は、三年生の後半には遅刻がほとんどなくなり、希望する短大に進学しました。

しばらくして、その短大の人が持ってきてくれた学校紹介のパンフレットの表紙には彼女の笑顔が大きく掲載されていました。そして、「成績優秀！ ソフトボール部を創設して、キャプテンとして活躍しています。今やうちの大学の顔ですよ。よい生徒を送っていただきありがとうございました」と喜んでくれました。彼女はその後、介護関係の資格も取り、就職もしたとのことでした。

このような経験によって、私は理論やスキルを大事にするようになっていきました。

しかしながら、多くの教師は、何か問題が起きたとき、すべてを人格の衝突という方向で受け止めてしまいがちです。子どもだけでなく、保護者とも人格的なふれあいを求めますから、感情的になりやすく、頭を下げるのは自分のプライドが許さなかったりします。これは無視できない問題になるのではないかと感じています。

確かに教師にとって人格というのは非常に重要な要素ですが、先生たちがすべてのことを人格勝負に持ち込んでしまうのは危険です。人格とスキルは別物であって、どちらも誰にとっても必要不可欠なものです。そこは教師として、しっかり切り分けができるようになっていかなければなりません。

これらの観点から見ると、システム的には無理なことなのに、自分たちの努力で何とかしようと頑張り続けてきた先生たちの善意の積み重ねが、今のシステムの混乱につながっている部分もあるのかもしれません。

今や、ビジネス社会のほうが先に進み、チャイムもなくなり、フレックスタイム制で働く人が増えて、自分の席やデスクもなく、フリーアドレスの座席になったりしています。

かつて工業化時代にふさわしい人材を求めてきたのは産業界でした。その要請に対応する形で学校社会はそれにふさわしい人材育成の方法を編み出し、洗練させてきました。ところが、その産業界が変化してしまったわけです。

送り出す先のビジネス社会が、古いシステムから脱却し始めているにもかかわらず、学校における教育システムは、旧態依然のままとなっています。そこに、いろいろなツケが回ってきているのが、今というタイミングなのだという気がします。

さらに、教師の方々の率直な思いとして、「どうして自分たちがやってきたことがだめなのか?」ということがあるように思います。

「自分たちはそういう教育を受けて大人になって、成功してきた。このシステムがだめと言うのか?」という違和感、あるいは混乱です。まるで自分たちが受けてきた教育を否定されているような、そして自分自身が否定されているような気になっているのではないでしょうか。

ここはぜひとも正しく理解してほしいところです。今の先生たちや大人たちが受けてきた教育は、その時代においては正しい教育でした。現在、成功している教師や大人たちはその教育をきちんと受けて成長してきた証です。それがだめだということではなく、もちろん今の教師の方々がだめなわけでもありません。

しかし、時代はすでに変化しています。近未来を生き抜く次世代を育成するためには、私たち大人が受けてきた教育では不適切だということです。ここをきちんと理解して、しっかりとした意志を持って学校社会のシステムを変えていかなければ、子どもたちの未来はよい結果につながらないということなのです。

アクティブラーニング型授業をつくり上げる

私はこうした危機感をずっと感じながら、どうしたら私の物理の授業の中で、生徒が寝ることなく生き生きと参加してくれるのかを考えていました。

この後、詳しく説明しますが、さまざまなビジネス理論やコミュニケーション技術、効果的に教えるための技術など、いろいろなことにトライしながら試行錯誤した結果、生まれたのが私の行っている「アクティブラーニング型」授業です。

アクティブラーニング型授業の内容、定義については、拙著『アクティブラーニング入門（アクティブラーニングが授業と生徒を変える）』（産業能率大学出版部）に詳しく紹介していますが、「一方的な知識伝達型講義を聴くという（受動的）学習を乗り越える意味での、あらゆる能動的な学習のこと。能動的な学習には、書く・話す・発表するなどの活動への関与と、そこで生じる認知プロセスの外化を伴う」（『アクティブラーニングと教授学習パラダイムの転換』（東信堂））ということになります。文部科学省の言い方に即していえば、生徒が主体的に学び、協働的に学ぶ授業のことです。

知識基盤型社会で生き残る力を身につけるためには、やはり国語・英語・数学などの教科科目の授業の外側（総合的な学習の時間、ホームルーム、キャリア教育の時間、学校行事、部活動など）で教えるのではなく、生徒たちが一番多くの時間を過ごす教科科目の授業そのものの中で取り組まなくては、効果も上がらないと私は考えています。

アクティブラーニング型授業にはさまざまな形式があり、これという決まったスタイルがあるわけではありません。私のアクティブラーニング型授業も常に変化し続けていて、生徒たちにも教えられながら、また、さまざまな方々からフィードバックをいただきながら、少しずつ改善してきました。

教師のファシリテーション技術やコミュニケーション技術によっても変わりますし、状況によっても変わるでしょう。ですから、教師の方々には、自分に合ったやり方を身につけていただきたいと思います。

しかし、授業に対する考え方、生徒に対する接し方については、これまでとはまったく異なる発想が必要です。前述したように、時代は大きく変わり、これまでのやり方ではまったく通用しなくなっています。

アクティブラーニング型授業で生徒の何が変わったか

物理の授業をアクティブラーニング型授業として実践したことから、本当にいろいろなことが大きく変わりました。定義どおり、主体的に、協働的に学ぶことで生徒たちは大きな成長を見せてくれました。

まず挙げなければならないのは、成績の向上でしょう。私の授業をご覧になった方々は、まず「これで成績は上がるのですか?」とよく尋ねられます。以下に、私が担当していたときの主な成績の変化を紹介しましょう。

下の表にあるように、成績においても、物理を選択した生徒の数、そして授業の進度の状況、すべてにお

・「センター物理Ⅰ」の平均点向上	
	偏差値 43.9 → 50.4
・物理選択者数増加	3年「物理Ⅱ」22名→62名
	2年「物理Ⅰ」40名→91名
・授業の進度向上	11月に教科書終了

いて明らかな変化が表れています。さらに、実際の生徒たちの声も紹介しましょう。

「授業なのにしゃべっていいんだ、と。まずそこにびっくりしましたし、新鮮でした。この授業では周りと一緒にしゃべって考えるので、これっぽっちも眠くなりません」

「隣の人をはじめ、周りにわからないことを気軽に聞けるのが、すごくいいです。席が遠くてもわかる人に聞きに行けるようになりました。数学をやりたいと思っていたのですけれど、今は、数学と物理を学べる数理科学科を進路に考えるようになりました」

「先生に教えられて気づくよりも、自分で考えてわかった喜びのほうが大きかった」

「教えることでもっとよく理解できた」

「自分たちでやり方を発見したこと」

「周りの人が教えてくれた♡　楽しかった!!!」

「やっと一人友だちができた」

「一つの問題を長い時間考えることができるようになった。疲れるほどアタマを使えるようになった」
「友だちと一緒のほうが理解できる」
「自分の意見を言えるようになった」
「今までなら話さない友だちと話せるようになった」

さらに大きな変化があったのが、個々のメンタル面でした。

まず、態度目標が着々と浸透していきました。個人の行動の仕方も、積極的に話しかけたり、質問したり、チームで協力するといった風に、どんどん規範が彼らの中に浸透していくようでした。放課後、友だちと物理室に集まって勉強する子たちが出てきたり、掃除の時間の会話で「おまえ、クラスに貢献しろよ」という発言が出てきたりしました。

今までであれば、教科科目の授業の中で、自分の生活の仕方や生き方に関わるような価値観がビルトインされることなど、ありえないことでした。

先生たちを対象とする研修会に行くと、グループ席に複数の人たちが着席していても、黙っている人たちがほとんどです。ビジネス社会の人たちを対象とする研修会では、着席とともにあちこちで名刺交換が始まり、自己紹介で盛り上がります。学校の先生たちには「教室では黙っている、じっとしている」という価値観や暗黙のルールが、生徒時代にビルトインされているといえるかもしれません。

それから、主体的な取り組みがあちこちで見られるようになりました。先ほどの放課後に集まる話も、私が勧めたわけではありません。

「みんなでワイワイやりながら勉強をしたいけど、図書室はしゃべっちゃいけないから物理室が一番いいよね」ということになり、そうなっただけのことなのです。二〜三時間ほど勝手にやっているわけですが、そこで彼らはお互いにいろいろ調節をしながら、主体的かつ協働的な学びを実践していました。非常に素晴らしい場として機能していました。

そうしたことを積み重ねて、三年生の終わりごろに二年間受けてきた授業の感想を書いてもらいました。

そこには「今までだったら話しかけなかったタイプの人たちと話し合いができるようになった、友だちになれた」というものが目立ちました。これは非常に大きな意味があることだと思います。というのも、今の子どもたちは親密圏がとても小さいといわれていて、同じようなタイプの子としかつきあわなくなっています。その中で、人間関係が大きく広がっていることは注目に値する成果ではないでしょうか。

なぜ、そのような変化が生まれたのかというと、「物理の問題を解決する」という共通目標で一緒に動いているからです。その目的を果たすためには、今、目の前にいる、一度も口をきいたことのない相手でも、その子が何か面白そうなことを言っていれば「教えてよ」と素直に言えるわけです。

「俺、わかんねえ」とつぶやいたとき、「それはこうするんだよ」言ってくれた人がいれば、とりあえず聞いておこうという気持ちにもなるでしょう。誰かがいいアイデア持っていたら、チームとしてそれはぜひ生かしたいと思うでしょう。そういう経験をすることで、彼らは自らの壁を越えていったわけです。

さらに、卒業後一～二年くらい経つと遊びに来る子どもたちが多いのですが、興味深いことに、ほとんどの卒業生が「大学の授業はつまらない」と言います。「高校のときの物理をつまらないと思ったことは一度もなかったのに」と。

つまらない理由を尋ねると、ワンウェイ方式の授業スタイルが原因のようです。

彼らは面白い言い方をしていて、「小林先生の授業を受けてよかったと思うことはいっぱいあるんだけど、一つだけ困ることがあるんです。他の高校から来た友だちと話が合わない」

「どうして?」と聞くと、高校のときの物理の授業は面白くなかったと言うからだそうです。「内職してた、寝てたって、みんな言うんです。俺だけなんですよね、物理の時間が面白かったって言うのは。寝たことなんてないと言っても、誰も信用してくれないんです」と。私の授業を受けて、それだけが唯一困ったことだというくらい、他の学生たちとギャップがあったようです。

そこで彼らは、高校時代と同じように、友だちを集めて、空いている部屋で勉強するようになったそうです。「そのことが知られるようになって、先生が時々来てくれるようになりました」とも言っていました。

私の授業を受けた卒業生たちが、それぞれ違う大学に行って、あちこちで同じような学びの場をつくっているというのは、素晴らしいことです。卒業した後も、彼らがそういうことをやっているということは、高校で二年間やってきたことが本当にものになってきているということであり、このことだけでも、アクティブラーニング型授業の効果があったと考えています。

言い換えると、物理の授業中にやっていたことは、そのまま社会に出ても通用する。そういう価値を生徒たちに身につけさせることができた、といえるのではないかと思います。

このように、社会に出る前にすでに「学ぶ価値観」ができている人と、やっと学校から解放されて遊べると思って社会に出る人とでは、見た目は同じですが、スタートラインの時点でまったく違います。

企業で人事評価をする方から、「あの学校のあの学部を出た学生たちはよく勉強します」という話を聞いたことがあります。私の物理の教室以外でも、そのような文化、風土を持っている場で何年か過ごした生徒たちは、自然に学ぶ姿勢を身につけていくのでしょう。

学校を出てからも、上からの指示がなくても、自分からどんどん学び、成長し続ける。まさに企業はそういう人材を求めているわけですから、学び続ける精神を身につけさせることが学校の使命ではないでしょうか。

「魚を与えれば一日食うことができる。釣りを教えれば一生食うことができる」という有名な言葉がありますが、「学ぶ精神さえ身につければ、一生大丈夫」ということだと思います。

やはり、教えてもらったことだけでは勝負できません。すぐ枯渇してしまいますし、今日学んだことは明日にはもう古くなっています。だからこそ、常に学ぶという姿勢を身につけておくことが、本当に重要なのです。

会社という固定された仕組みがあると頭から信じ込んでいる人は、たとえば営業職で入社したとすると、「つくるのは他の人たち、自分は売るだけ」といった感覚が染みついています。「売れないのはうちの商品が悪い、私のせいではない」というパラダイムになっているはずです。しかし、今の時代、部署間も職域もボーダレスになり、三〇歳を過ぎたあたりで突然、「営業の俺が製造や開発の勉強もしなければいけないのか」と気づくことになります。

学び続ける精神を自分の中に持つことができた人は、こうしたパラダイムを持つ人と比べると、それだけで非常に大きなアドバンテージを持っていることになるのです。

2章

さまざまなビジネス理論の学びから始まった アクティブラーニング型授業の開発

カウンセリングのスキルが基礎

私のアクティブラーニング型授業は、さまざまなビジネス理論を取り入れながら、少しずつ進化してきましたが、最も大きなきっかけとなったのは、カウンセリングでした。

カウンセリングを学んだことが、私にとって従来のスキルや人間観を変えるきっかけになりました。

ティーチングの世界では先生と生徒は上下関係になります。学校でも教える側の私は生徒よりずっと年上ですから、そういう関係が当たり前だと思ってきたのです。

さらに、私は大学では体育会の空手部にいました。「四年生は神様、一年生は奴隷」のような世界にいて、卒業後はプロの空手家になるつもりで流派の中で生活していました。師範と弟子のような明確な上下関係のある世界に長年なじんできたということも、私の価値観に影響を与えていたように思います。

そのため、カウンセリングの授業の初めに、先生が「人間はみんな対等です。カウンセラーとクライアントは対等な関係をつなぎます」と言ったときには、信じられませんでした。高校の生徒たちをイメージして、「何であぁいう生徒たちと対等なのか、ふざけるな」と考えてしまい、その気持ちをずっと引きずっていました。

ところが、一年くらい経ち、カウンセリングの基礎スキルを身につけ、実践に近い形で長めのロールプレイもある程度できるようになったころ、勤務先の高校で相談室を開いて生徒たちのカウンセリングを始めてみると、「この子たちはすごいな」と感じることが数多くありました。

カウンセリングの定石どおりに話を聴いていくと、徐々に子どもたちは本音を語り始めました。そこで、彼らが「次はこういうことをやろうと思う」などと話してくれた内容は、下手な大人よりも深い学びや周りに対する思いやりなどに満ちていて、「すごい」と感動することがたびたびありました。

この局面においてはこの子のほうが自分よりも理解が深いとか、こんなにも急激に成長していくのはすごいとか、そのように思うことがたびたびあり、「人間はみんな対等」というのはこういうことかと実感することができたのです。

その後も、日本のトップクラスの先生方の下、グループワークについて学び、多くの経験をさせてもらうことができました。特に、現在は千葉大の教授で、カール・ロジャーズ（＊3）研究では日本の第一人者の保坂亨先生の下、カール・ロジャーズのカウンセリング論を徹底的に学ぶことができたのは幸運でした。

ロジャーズのカウンセリング論の特徴は、人間に対する肯定的で楽観的な見方にあります。フロイトに見られるような原罪的な悲観論とは対照をなすもので、ロジャーズによれば、「人間には有機体として自己実現する力が自然に備わっている」ということになります。

つまり、有機体としての成長と可能性の実現を行うのは、人間そのものの性質であり、本能ですから、カウンセリングの使命とは、この成長と可能性の実現を促す環境をつくることにある、というわけです。

そして、自分自身を受容したとき、人間には変化と成長が起こるとされ、そのため

＊3
アメリカ合衆国の臨床心理学者。心理相談の対象者を患者ではなくクライアント（来談者：client）と称した。

に、カウンセラーはクライアントを無条件に受容し、尊重することによって、クライアントが自分自身を受容し、尊重することを促します。

保坂先生は昔、自身の研究のために、非構成的エンカウンターグループ（＊4）の実践を、ロジャーズがやったのと同じように三日間にわたり、毎年行っていました。

私も、最初の年は自分のために、次の年は他の人の様子を見るために、三年目と四年目は保坂先生がされることを見るために、参加させていただきました。

最初のうちは「先生は何をきっかけにどう動くのだろう」ということがよくわからないのですが、毎年見ていると、「保坂先生は、この人のこの動きをすごく重視していて、この人のこの発言はあえてスルーしているのか」などと、だんだんわかるようになっていきました。

＊4　クライアント中心療法の理論を健常者グループに当てはめて発展させたもの。グループで感じたことを思うままに本音で話し合っていく。ファシリテーター（グループをまとめる役）によって進行する。ファシリテーターはよく訓練された専門家でなければならない。

授業に大きな影響を与えたアクションラーニング

「アクションラーニング」とは、現実の問題をチームで検討し、解決策を立案し、実施・行動する過程の中で、振り返り（リフレクション）を通じ、組織、チーム、そして個人の学習する力を養成するチーム学習手法です。

チームメンバーは質問と振り返りを繰り返し、そこから見いだされる真の問題を解決するための行動を探ります。

ここで大切なのは、意見ではなく質問をしていく部分です。質問は、質問を発する人の知恵や記憶を活性化し、質問を発した人も、同様の現象を起こします。

このやり取りによって、個人の内省、気づきが起こり、コミュニケーションの質が高まり、活発化し、問題の本質や解決への道筋が見え始める可能性が高まります。

また、質問が投げかけられることによって、チーム思考を促し、一人が抱える問題をチームの問題として捉えられるようになり、チームの結束力が高まっていきます。

このように、チームメンバー同士が質問を投げかけ、真の問題を探り、問題解決につながる行動計画を立てていく流れを「アクションラーニング・セッション」と呼んでいます。

「アクションラーニング」という言葉は、実に多様に使われているようです。私が知っている範囲で解説すると以下のとおりです。

一つは「学習プロセス」に関する理論として。行動と振り返りを繰り返して学習・成長していくという意味で、「アクション・リフレクション・ラーニング」という言い方があります。これを縮めて「アクションラーニング」ということもあるようです。

二つ目は具体的な話し合いや会議の方法を指す場合です。この方法も使っている会社や指導者によってさまざまな方法があります。具体的なことは人それぞれ違いますので、詳しくわかりませんが、私は、アメリカ合衆国ワシントン大学のマーコード教授が開発した「マーコード方式のアクションラーニング・セッション」という方式を採っています。私はこのマーコード方式のアクションラーニングを学び、コーチ資格を取り、さらにシニアコーチの資格も持っています。本書でアクションラーニングというときは、このマーコード方式のアクションラーニング、または「アクションラーニング・セッション」を指しています。詳しいことは「日本アクションラーニング」にお問い合わせください。

私は、偶然の巡り合わせで、日本に「日本アクションラーニング協会」ができて二年目か三年目という早い時期にこの方法に触れることができました。当時、集まってきたのは感度の高い人々、名立たる一流企業の皆さんばかりで、その人たちの話を聞けたことも、とてもよい経験になりました。

今や、アクションラーニングは企業研修の中でもかなり採用されていて、注目されていますが、これからは、アクションラーニングを実際にどうやって学校の授業に生かしていくかが、とても重要になってくると思います。

実際には、六~七人のグループにコーチが一人いて、六〇分くらいかけて問題を解決するというスタイルを、授業の中にそのまま取り入れることは難しいでしょう。

生徒が四〇人いたら、六~七人のコーチが必要になりますから、それを授業で行うのは絶対に不可能です。

しかし、各グループにコーチを投入することはできなくても、よい点はどんどん生かしていくべきですので、次のような形を考えてみました。

最初に「どんどん質問しましょう」「関係ない話はやめましょう」などといったルール（規範）を宣言して、みんなで話を始めます。質問のやり取りがあり、互いに意見を言い合いますが、他人の意見を批判してはいけません。そして最後にグループできちんと振り返りを行います。

これだけでも、かなり意味のある演習になりますので、授業の中にうまく組み込めるように、いろいろ工夫していきました。物理の授業としては、たくさん教えるべきこともあるので、板書をやめてパワーポイントを多用することで、ワークの時間を確保できるようにしました。

私のイメージとしては、アクションラーニング・セッションのいろいろな要素を分解して、四〇人用に組み立て直したものが、今の授業スタイルだと思っています。

アクションラーニングを授業に取り入れる

学校でも今、授業にグループワークを取り入れるケースが出てきています。しかし、そのグループの状態をすばやく観察し分析し、必要な介入の仕方を知っている先生はごく一部ですので、「ただ話し合いをさせて、振り返りカードを書いて終わりなのですか?」という批判が出てくることになります。

実際、各グループの中には、たくさんしゃべる生徒もいれば、全然しゃべらない生徒もいて、さらに余計な話をしている生徒までいたりします。全体になんかぎくしゃくしている状況をどのように分析するかが重要なのですが、今、このグループで何が起きているか、的確に分析できる人がいないと、グループワークの意味をなさないわけです。

たとえば、メンバーの声が大きければ、それだけで活気のあるいいグループだと判断してしまったりしますが、声が大きいのはもしかしたら緊張が高すぎるのかもしれないし、声が小さくてもみんなじっくり考えているのかもしれません。この辺りをきちんと見極める目（スキル）が必要なのです。

また、仮にそこは見えていたとしても、次にどうするかという、手立て、スキルがないと悲惨なことになります。

たとえば、四～五人で黙っているグループに対して、きちんと話し合いさせたければ、多くの先生は「みんな、黙っていたらだめじゃないか」などと言うのではないでしょうか。この一言で、生徒たちはますます黙り込んでしまい、先生の顔色を見ながら緊張を高めてしまう結果になりがちです。

そのような事態を招かないためにも、アクションラーニングやカウンセリングの「質問で介入」といった技法は、非常に役に立つわけです。

生徒の行動に対し、私は絶対に批判したり禁止したりはしません。その代わり、「チームで協力できていますか？」とか、「あと一〇分だけど、順調？」などと問いかけることで、適切なアクションへと誘導するわけです。すると、具体的な指示をするまでもなく、概ね自分たちから動き始めます。

もちろん、そうならないケースもありますが、それに対するフォローアップについても、アクションラーニングやカウンセリングを通して学んだ経験から、いかようにでも対応できますから、特に問題はありません。

私自身はこのように自分なりの方法論を構築してきましたが、学校の先生たち全員に、そういう基礎の勉強から始めてくださいというのはハードルが高すぎますので、私としては大まかなプロセスを先生たちにお伝えすることから始めています。

まず、その授業における年間の目的や目標を示し、次に態度目標を示します。それから手短にインストラクション（指示）を行います。

その後に生徒たちのワークがあり、最後に必ず振り返りを行います。この振り返りの中で確認テストや発表を行ったりもします。

おおよそこのくらいのプロセスを授業の中にうまく組み込んでもらえば、専門的な知識や技量が足りなくても、授業を行うことはできるのではないかと思います。

ポイントはやはり、ワークをやるときの介入の仕方です。質問で介入していきますから、有効な質問のパターンをいくつかお伝えしたいと思います。

大事なのは、振り返りのところで必ず生徒に「リフレクションカード」を提出してもらうことです。それを読めば、自分のやったことがどのように生徒に受け止められたかがわかりますから、次に向けての改善策を講じることができます。その蓄積で、自分なりのスタイルを築いていただければよいのではないでしょうか。

また、先生たち同士の授業を見るときのポイントや、振り返りの仕方などについても、継続的な研修会を行う中でお伝えしていきたいと考えています。

最終的には、前述の「アクションラーニング・セッション」を学校の中に持ち込みたいと思っています。つまり、その日の授業の状況・成功・失敗・効果などについて、一人で考えるのではなく、四～五人でアクションラーニング・セッションを行い、みんなで考えるようにしたいということです。そうすると、授業を担当した先生だけでなく、セッションに参加した他の先生方も気づきを得ることができます。科目が違っても授業に共通する部分は少なくありませんから、そこで出てきた問題点や解決策は自分の授業のヒントになるわけです。

何よりも、それを繰り返すことで、「チーム・ビルディング」、すなわちチームで学習するという体験を積み重ねることができます。一人の先生が何かに行き詰まったときは、気軽に他の先生方に声をかけて、一時間くらいの授業検討会を招集できるようになると理想的です。

さらに、アクションラーニング・セッションをコーチできる先生が学校の中に何人もいるようになれば、「自分が問題提示するから、誰かコーチをお願いします。じゃあ、五〇分でやりましょう！」という具合に、サッとやって、大きな気づきや学びを得て、サッと解散することも可能です。そんなオープンな学校文化をつくることができれば、学びの場としての素晴らしい学校になるのではないでしょうか。

ここまで厳しい時代になってくると、どの企業も本当にイノベーションを必要としていますから、どうやったら社員たちがイノベーションを生み出せるか、イノベーションを生み出せる人材をどうしたら獲得できるか、ということで四苦八苦しています。

具体的には、利他精神に満ち、自分だけがよければよいわけではないという価値観を、日ごろの行動にきちんと落とし込める、つまり、コミュニケーションの中でシナジーをどう生むかというコンピテンシーにフォーカスされているのではないかと思います。

その観点でも、アクションラーニング・セッションをうまく活用できれば、素晴らしい力を発揮してくれるのではないかと思います。

「7つの習慣」でいう「Ｗｉｎ－Ｗｉｎ」を意識しながら、問題解決と同時に、次に向かう力を育成していく。このような形で「刃を研ぐ」ことによって、生徒同士のＷｉｎ－Ｗｉｎに先生も加わったＷｉｎ－Ｗｉｎ－Ｗｉｎの相乗効果を期待することができるのではないでしょうか。

生徒相談を行う際、カウンセリングの手法だけでなく、アクションラーニングを取り入れたことがありますが、非常にうまくいった例もあります。

普通は生徒一人で相談に来ることが多いのですが、「この子が悩んでいるから、先生、私たちも一緒にいい？」という感じで、三〜四人でまとまってくることが時々ありました。

グループカウンセリングの技法を使って、私から一人ひとりに質問していく形をとってもいいのですが、グループカウンセリングというのは結局、一対一の対人関係技法の変形なので、「きみたちで考えなさい」というスタンスになりません。

そこで、アクションラーニングを取り入れて、「先生が進行するから、基本はみんなで考えてね」とやってみたところ、セッションが終わった後の実行率が高く、しかも早かったのです。これには私自身、驚きました。

「どのような状態において、最も学習効果が高いか」という研究がありますが、この研究成果を見ても、私の示す態度目標とほぼ合致しています。

やはり、単に耳で聴くだけ、目で見ただけの、一方向で行われる学習よりも、話し合ったとき、体験したとき、誰かに教えたときのほうが、はるかに高い学習効果があ

どのような状態において最も学習効果が高いか

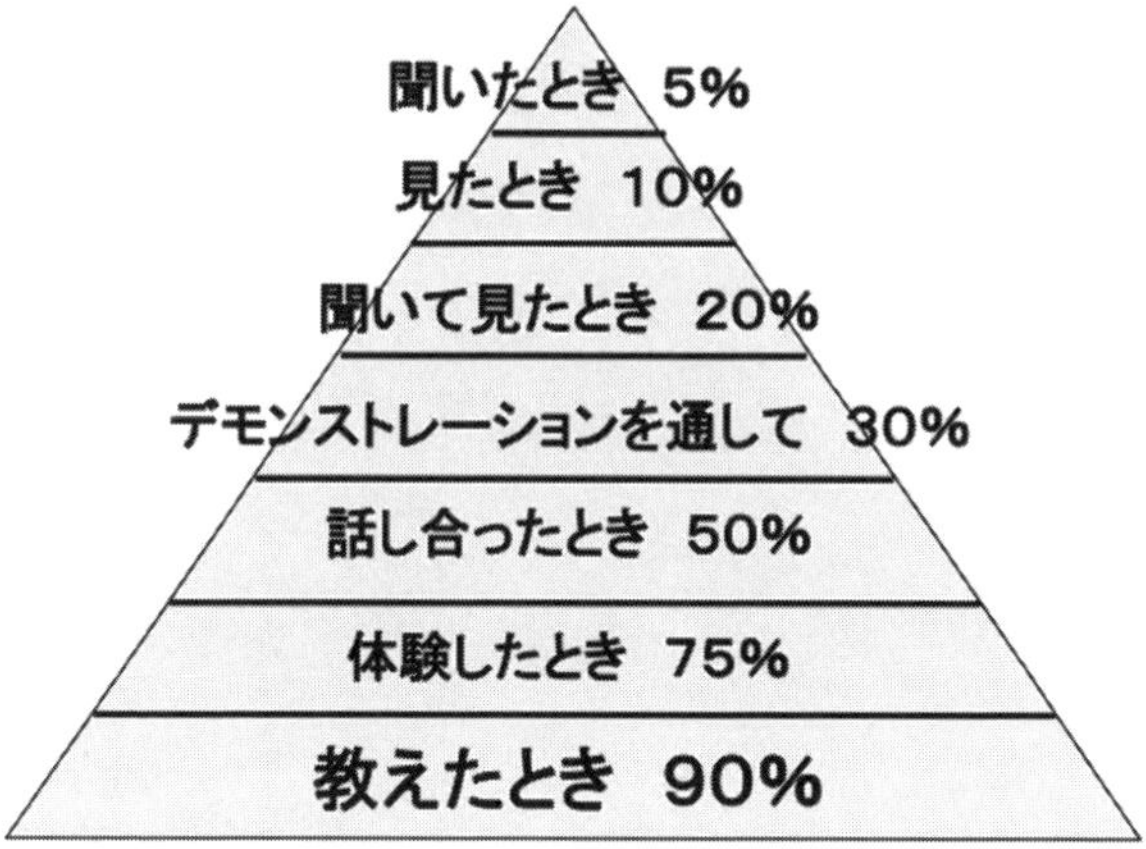

ります。

特に、教えるという行為に注目したいと思います。コヴィー博士も著書の中で、何かを深く理解し身につけようと思うなら、「自分が学んだことを誰かに教えることだ」と推奨しています。

これらの点からも、アクティブラーニング型授業は、理に適っているということができると考えています。

コルブ（Kolb）の経験学習モデル

自分が実際に経験したことから学びを得ることを「経験学習」といいます。経験から学ぶといっても、人は単に経験しただけで学べるわけではなく、経験を次に生かすためのプロセスが重要になります。そのプロセスを理論化したものが、組織行動学者のデイビッド・コルブによって提唱された「経験学習モデル」です。

コルブは「経験→省察→概念化→実践」という四つの段階からなる経験学習サイクルを提示しています。

具体的に説明しますと、「何か活動を行った後（経験）、それを振り返り深く内省し（省察）、成功したあるいは失敗した要因を抽出し（概念化）、それを次に生かしてみる（実践）」というステップになります。

つまり、実践を踏まえて活動し、それを振り返る、というサイクルを繰り返すことで、人は学び、成長していくというわけです。

経験というものの重要性についてはいうまでもありませんが、学習という観点から見ても、非常に大きな意味を持つことがわかっています。

マイケル・ロンバルドとロバート・アイチンガーによれば、人はおよそ七〇%を経験から学び、二〇%は観察学習や他者からのアドバイスによって学び、残りの一〇%は研修や書籍などから学ぶということです。また、神戸大の金井壽宏教授は、個人が大きく成長するきっかけとなる経験を「一皮むけた経験」と呼び、経験学習の重要性を主張しています。

このように考えていくと、ビジネスの現場でもそうですが、人材を育成する際には、単に経験の場を与えるだけではなく、経験を振り返らせ、概念化を促すような働きかけが求められるのではないでしょうか。

人間は自分が育てられたように自分の子どもや後輩を育てるものですから、今の授業改革、組織改革、授業改善を早く進めないことには、次世代がなかなか育ちません。そして、育成される側も、経験から学ぶためには、自ら省察や概念化を行うための思考力（ロジカルシンキング、クリティカルシンキングなど）を強化する必要があるでしょう。

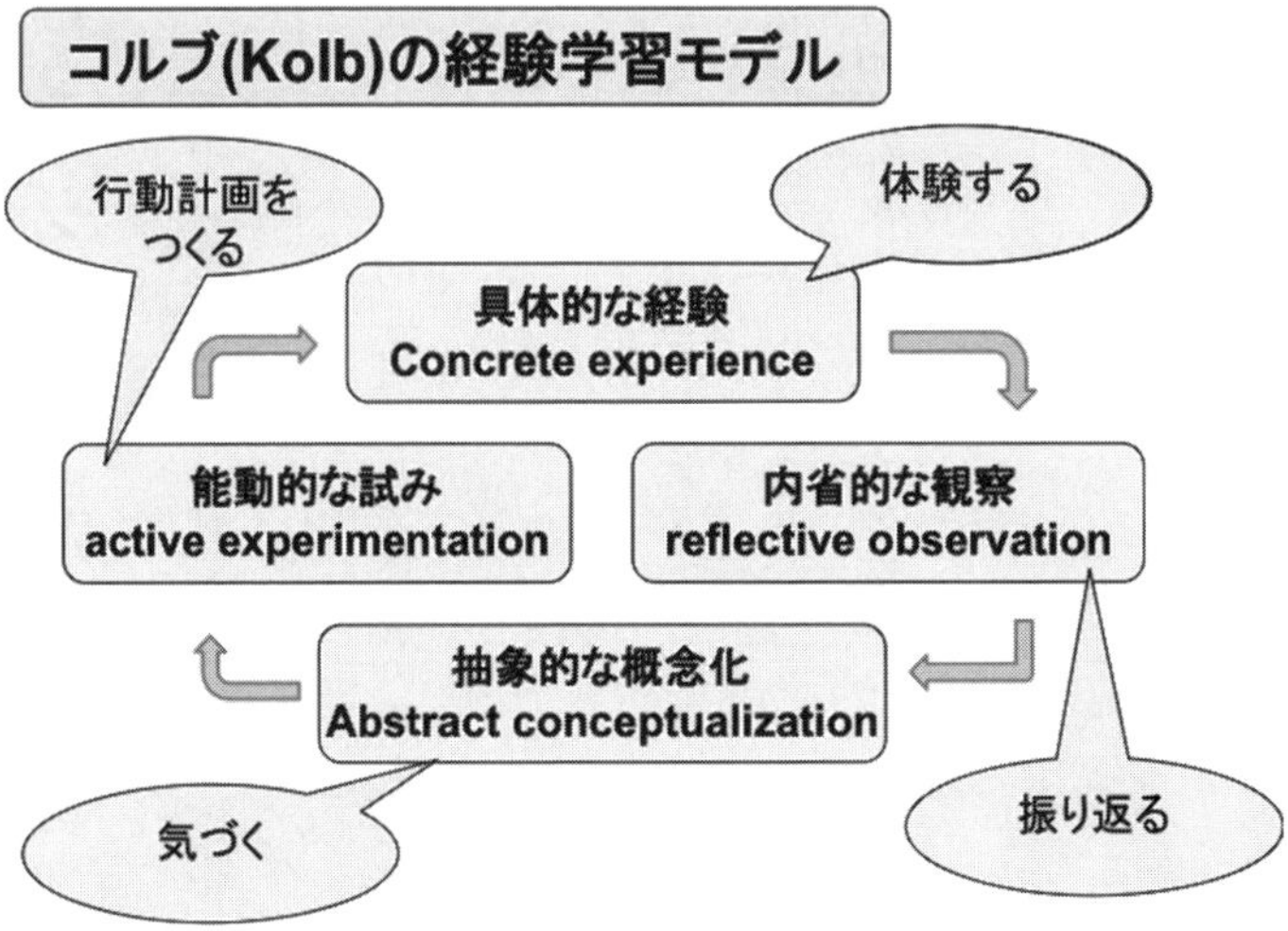

世の中はシステムで動いている～システム思考

私は、「学習する組織」で有名なピーター・センゲ（＊5）の理論にも大きな影響を受けました。センゲは「ラーニング・オーガニゼーション」における五つのディシプリンのうちの一つとして、「システム思考」を組織的学習／共通理解の土台になるものと位置付けています。

システム思考とは、ものごとを考察するに当たり、「システム」という概念を用いて、対象全体を統一的・包括的に捉える思考法のことです。狭義にはシステムダイナミックス（＊6）で必要とされる循環する相互作用の考え方を理解するための思考技法となります。

世の中がこれだけボーダレス化、複雑化し、変動が激しくなってくると、システム全体から捉える視点が必要になってくるのは必然だといえるでしょう。もはや、社長

＊5 アメリカ合衆国マサチューセッツ工科大学（MIT）経営大学院上級講師、組織学習協会（SoL）創設者。自律的で柔軟に変化し続ける「学習する組織」の理論を提唱。

＊6 一九五六年にマサチューセッツ工科大学のジェイ・フォレスターにより開発された、シミュレーション手法。

の努力とか個人の努力などとは無関係に、大きな流れの中で栄枯盛衰が起きる世の中です。こうした流れは、最初に述べた知識基盤社会においてはごく象徴的なものであり、変化に驚くのではなく、それが普通であると、私たちもパラダイムを変えて向き合う必要があるでしょう。

大きなうねりの中で起こることに対して、誰が悪いとか、個人の責任だけを追及するのではなく、もっとシステム論的な見方をもって問題解決にあたる必要があると思います。

物理の世界でシステムという言葉を日本語にすると「系」という言い方になります。

一つの物体が落ちていくことを「一体問題」といい、二つつなげた物体が落ちていくと「二体問題」といいます。一つが落ちるとあちらが動き、それが動くとつながってあちこちが動く。そうやってつながっている全体について、一つの系として考えましょうというのが系の考え方であり、これを英語ではシステムと呼んでいるわけです。

そして、そういうものをどうやって見ようかというのが、もともとの物理の発想です。たとえば、分子運動において、無限の分子がどう動くかを考えるためには、一個一個の記述をするわけにもいかないので、もっと大きな量としてまとめて考えることにしています。システムシンキングも、そのようなものだと考えていただければいいでしょう。物理をやっている人間から見たら特に目新しい発想ではありませんが、この技法を持ち込んだことで、センゲの考え方がより理解しやすくなっているように思います。

システムシンキングをわかりやすい形でイメージしてもらうなら、「将棋倒し」になるでしょうか。人や物の大量輸送時代になってボーダレス化が進むと、目の前のこのシステムがどこにつながっているのかということが見えにくく、知らずに触ったら大変なことになっちゃった！　みたいなことが、非常に起こりやすくなっていきますから、システム思考的な感覚のつかみ方、イメージ喚起力はとても重要になってくると思います。

「7つの習慣」との出会い

『7つの習慣』という書籍は、今さら説明する必要のないほどのベストセラーですが、私自身は本格的に学んだことはありませんでした。

これまでも数々のビジネス理論について研究し、いいものはすべて授業に取り入れてきましたが、この「7つの習慣」に出会ったとき、直感的に、これはアクティブラーニング型授業の力強い支えになると感じました。

すでに高校物理を教えてきた経験から、この素晴らしい理論とスキルを、どのように取り入れていったらいいか、ある程度の方針を立てることができました。まだ、その学習、設計の途中ではあるのですが、ビジネス理論・スキルを応用して「授業」をつくり変えるにはどうすればいいのかは経験的にわかります。

アクティブラーニング型授業は、ややもすればプロセスや手法が先行してしまい、カウンセリングやアクションラーニング、システム思考などを系統的に学んできた私にとってはもどかしい面もありましたが、「7つの習慣」はそれらの理論とはまた別の角度から、非常にわかりやすく、私の考え方を裏付けしてくれるものだと感じました。

こうした信頼性の高さの理由を具体的に挙げると、第一に、「7つの習慣」が企業において非常に幅広く導入されているプログラムだということです。

それは企業の持つ人材へのニーズに深く適合していることを実証しています。学校教育のねらいと企業の求める人材像がマッチすることは非常に重要です。

また、社会で一般的になっている「言葉」が、学校の中でも共通の言葉として語られることで、意識や価値観の共有化が可能となります。たとえば、「Ｗｉｎ-Ｗｉｎ」「シナジー」「主体性」などといった、人として持つべき価値観を共有することで、チームとしての一体感が生まれます。

第二に、「7つの習慣」が、人格と能力の双方を重視していることです。先生の中には、知識だけ与えておけば十分、あるいは、人格でぶつかっていけば何とかなると、人格、能力のどちらかだけで教育の現場に臨もうとする人が少なくありません。

そういう意味でも、人格と能力の双方を重視する「7つの習慣」はふさわしいと思います。

第三に、「7つの習慣」が成長していくうえでのプロセスをきちんと明示していることです。「7つの習慣」では、成長にはプロセスがあり、一足飛びに成長することなどできない、としています。

「7つの習慣」の概要については後述しますが、自分の人生のハンドルは自分が握っている（第1の習慣：主体的である）ことを理解しないと、人生の最終目標を考えること（第2の習慣：終わりを思い描くことから始める）はできませんし、重要な目標が明確（第3の習慣：最優先事項を優先する）でなければ、今日何をすべきかを決めることはできません。

この第1、第2、第3の習慣は私的成功のステージであり、そこで自分自身の進むべき道が明らかになった人だけが、公的成功（第4、第5、第6の習慣）、すなわち他人と協力するステージに上がることができます。

そこではまず、他人のＷｉｎを考える（第4の習慣：Ｗｉｎ-Ｗｉｎを考える）必要があります。次に相手のことを心から理解することで効果的なコミュニケーションを行い（第5の習慣：まず理解に徹し、そして理解される）、そして、より大きな成果、第3の案を生み出す（第6の習慣：シナジーを創り出す）のです。

アクティブラーニング型授業とは、「主体的な学び・協働的な学び」を実現する授業形式ということもできます。「7つの習慣」らしい表現で言い換えれば、アクティブラーニング型授業は、主体性を発揮し、終わりを描くことから始め、重要なことにフォーカスし、Win-Winを考え、お互いの立場に立って考え、チームでシナジーを発揮する授業である、ということができるでしょう。

3章

「7つの習慣」とアクティブラーニング型授業

どこでも学ぶことができる「７つの習慣」

「７つの習慣」の内容について学びたい方は、書籍をじっくり読んだり、セミナーを受けたりすることで、深く理解することができるでしょう。

ただ、「７つの習慣」を実践するうえでのヒントは、私たちの普段の生活、仕事の中にいくらでもあふれています。

振り返れば、私自身もこれまで多くの「７つの習慣」的体験をしてきました。その瞬間には必ずしも意識していなかったことでも、今思えば、あれはまさに「７つの習慣」だった、と思い当たることが本当にたくさんあるのです。

「７つの習慣」自体、これまで長期的に成功してきた人たちの考え方、行動、スキルを体系的にまとめたものですから、あとから気づくことが多いのは、むしろ当たり前なのかもしれません。

私が体験した「７つの習慣」的出来事をいくつか紹介することにしましょう。

あいつらが悪い！

三五歳で教員になった私は県内でも有数の「荒れる高校」に赴任しました。生徒たちは勉強が大嫌いで、授業中は寝ているか、おしゃべりしているかです。「こちらは長い時間をかけて授業の準備をしてきているのに……」と思うとだんだん腹が立ってきて、私の気持ちも荒れていきました。

生徒に怒鳴ったことは何度もありますが、ほんの数秒静かになるだけです。「何、ムキになってんの？ 馬鹿じゃん」などとささやく声が聞こえてきます。チョークを投げつけたところ、ねらった生徒の隣の生徒に当たり、大騒ぎになったこともありました。頭にきた挙句、「授業を受ける気がない奴は出ていけ！」と怒鳴ったら、全員が教室を出ていってしまい、立ち往生したこともありました。

そんな経験を愚痴りながら、先輩たちと毎晩のように酒を飲んでいました。「小林さん、しようがないよ。あいつらが悪いのだから。そんなムキになることはないよ」「そそ。何年か適当にやっていれば、転勤できるからね」

こうした先輩方の慰めに救われる思いでした。物理学者を断念し、空手家の夢も破れて、「仕方なく」高校教師になった当時の私は、人生を半分投げているようなところがありました。

インサイド・アウト

このような考え方を「7つの習慣」では「アウトサイド・イン」と呼びます。物事の主軸を自分自身ではなく周囲に置いているため、何が起こっても自分に責任はないと考えます。そして、「自分は正しくて相手が間違っている」というパラダイムに凝り固まった結果、「See（ものの見方）」→「Do（ものの見方から来る行動）」→「Get（行動の結果、得るもの）」の循環が、すべて悪いほう悪いほうへと回っていきます。

その当時の私を例にとれば、次のようになります。

「See：私は正しい。私は不幸だ。生徒たちは間違えている」→「Do：生徒たちを馬鹿にする、叱る、批判する、教師同士で集まって生徒の悪口を言う」→「Get：怒りの連鎖、社会や人生に対する不平不満、生きるエネルギーの消耗、燃え尽き、絶望」

今振り返ると、実際に悪いほう悪いほうへとどんどん転がっていたような気がします。

「7つ習慣」では、こうしたアウトサイド・インの考え方を「インサイド・アウト」に変えることが大切だと教えています。

つまり、原因を相手や周りに求めるのではなく、自分の内面（インサイド）＝考え・見方・人格・動機などが原則に合っているかどうかをきちんと見直し、行動を変えていくことによって、よい結果を引き寄せようとすることが大事だというわけです。

このときに起こす発想や生き方の転換のことを、「7つ習慣」では「パラダイムシフト」と呼びます。

私のパラダイムシフトのきっかけ

私のパラダイムシフトのきっかけとなったのが、当時の生徒指導部主任の存在でした。

「おまえ、今のままいけば、そのうち生徒に手を出して体罰事件になって馘《くび》になるぞ」

「あんな生徒は力で押さえるしかやりようがないですよ！」

「これからはカウンセリングの時代だ。勉強して来い！」

このときの会話が、その後、私が一〇年ほど真剣にカウンセリングを学ぶきっかけになったのです。その世界での学びは、まさに私にとってパラダイムシフトでした。生徒を見る目がまったく変わりました。

一例を挙げましょう。ある程度のレベルでカウンセリングができるようになったころ、校内の部活で体罰事件が起きました。校長と一緒に自宅まで謝罪に来た部活顧問の姿を見ると、被害を受けたA君はパニックになり、天井裏に逃げ込んでしまいました。この様子を見て激怒したA君の保護者が「裁判を起こす」「マスコミに連絡する」と言い出す事態にまでなりましたが、私がA君のカウンセリングをすることで、とりあえず「静観する、様子を見る」ことにしてくれました。

それから、週に一～二回、家庭訪問をしてA君のカウンセリングを行いました。最初は口もきいてくれなかったA君でしたが、少しずつ話をしてくれるようになっていきました。この間、私はセオリーどおりにA君の話を聴いているだけで、アドバイスもしなければ、批判的なことも言いません。しかし、A君は着々と感情を整理し、自分の将来を語るようになっていきました。そして、「このままでは自分の未来のためによくないから、学校に戻って卒業する」と言い出したのです。

以下は、そのころの彼の発言です。

「暴力を振るった先生は悪いと思うけど、僕もよくなかった。きちんと『いやだ』とか『やめてください』と言うべきでした」

「今回のことは僕にとって、たくさんのよい経験になりました。自分の将来のことを真剣に考えるきっかけになりました。卒業後のことを今まで真面目に考えたことがなかったけど、どの仕事に就こう、そのためにどの専門学校にいこう、まで考えることもできました。変な言い方だけど、事件が起きてよかったような気もします」

「たぶん僕が学校に戻ったら、体罰をした先生が困ると思います。だから、僕からあの先生のところに行って挨拶します。つらかったことも話します。これからのことも話してわかってもらおうと思います」

私は感動しました。A君を尊敬しました。

生徒たちをだめな奴らだと捉えていた私の生徒観が、このとき一気にひっくり返りました。パラダイムシフトというのは、まさにこういうことなのだろうと思います。

自ら変わる～生徒指導方法を変える

叱ったり、怒鳴ったりしても変わらない生徒が、受容し、話を聴き、質問していくと、変化していく姿を目の当たりにして、私の教員としての生徒の見方も変わっていきました。

そして、生徒指導部主任になったことをきっかけに、これまでの生徒指導方法を少しずつ変えていく提案を行いました。叱る、怒鳴るから、話を聴く、説得するなどへ転換した結果、中途退学者数や生徒指導件数（家庭謹慎などの件数）などが激減していきました。

さらにカウンセリングの学びを深め、生徒指導部主任を退いた後は、生徒指導の中に教育相談係を新設し、私が唯一の相談係になりました。

生徒と接するあらゆる場面で私の行動は変わりました。遅刻する、居眠りする、問題を起こす、そんな生徒たちに対して怒鳴ることをやめました。まずは冷静に生徒たちの話を聴くようになったのです。すると不思議なことに生徒たちの態度も変わります。彼らと穏やかに話ができるようになると、私の気持ちも穏やかになりました。その結果、授業中にイライラしたり、怒鳴ったりすることもなくなりました。

「過去と他人は変わらない」。これはカウンセリングの学習の中で知った言葉ですが、おそらくインサイド・アウトも同様の意味なのではないかと思います。

こうした私自身のインサイドからの大きな変化が、やがて授業をつくり変えていく原動力へとつながっていきました。

授業に臨むパラダイムを変える

アクティブラーニング型授業を行うにあたって、「態度目標」というものを掲げました。態度目標というのは、授業を受けるにあたって守ってほしい行動目標のことで、私が授業の最初に説明するものです。

具体的には、「しゃべる」「質問する」「説明する」「動く（席を立って立ち歩く）」「チームで協力する」「チームに貢献する」という六つを紹介しています。

お気づきかと思いますが、従来の授業で守らせようとしてきた内容とはまったく異なります。これまでの授業では、「私語の禁止」「居眠り禁止」「わき見禁止」「制服義務付け」「遅刻欠席厳禁」「皆勤賞」「毎日数時間の授業」「先生に従うのがよい子」「板書とノートは授業の命」といったことを順守するのが理想的な態度であり、行動目標であったわけですから、正反対といってもいいでしょう。

この態度目標は、実はそれほど厳密なものではありません。守らせることよりも、授業に向かうときの生徒のパラダイムを変えることが目的です。

「7つの習慣」でも、アルバート・アインシュタインの言葉「我々の直面する重要な問題は、それをつくったときと同じ考えのレベルで解決することはできない」を紹介したうえで、「小さな変化を望むのであれば、私たちの行動や考え方を変えればよい。しかし劇的な変化を望むのなら、私たちの持つパラダイムそのものを置き換えなければならない」と、パラダイムシフトの重要性を説明しています。

態度目標をまず授業の最初に説明するのは、できるだけ早い段階で生徒のパラダイムを少しでも変えておきたいからです。

私の授業を初めて受ける生徒はもちろん、授業を見学した先生方や保護者の方々も一様に驚き、「そんな授業で頭に入るのか」「行儀が悪い」「先生は何もしないのではないか」「不公平ではないか」など、さまざまな意見が寄せられますが、授業の理解度や成果には明らかな変化が表れます。

なぜ、上記のような態度目標を掲げるのかといえば、前述したように、現在のビジネス社会では、そうした行動が当たり前だからです。

自分の意見を言う、わからなければ誰かに聞く、困っている人がいれば助ける、チームで成果を上げる、チームの役に立つ。

どれも、社会に出れば至極当たり前の行動ではないでしょうか。それにもかかわらず、なぜか学校では教えてもらえないばかりか、正反対の行動を推奨されているのが現状なのです。

アクティブラーニング型授業のフレームとして支える「7つの習慣」

実は、「7つの習慣」というフレームワークは、コヴィー博士が発明したものでも、新たに考え出したものでもありません。コヴィー博士がこれまで成功した人たちの考え方、行動には何か原則があるのではないかと、さまざまな文献などを分析、研究をした結果、導き出されたフレームワークなのです。

つまり、「7つの習慣」が説く習慣は、すでに結果を出した人たちの習慣（考え方、行動、態度）であるわけです。

「7つの習慣」の素晴らしいところの一つに、「自立」自体をゴールとしていないことが挙げられます。

「主体性」や「積極性」「率先力」という能力は、企業や社会においても非常に重視される能力ではありますが、組織の本当のゴールとは、みんなで協力して、一人ではできない大きな成果を生み出すことです。

さまざまな個性、才能、能力を持った人が集まり、協力し合うことで、その組織固有の商品やサービスを生み出していくことに、組織の存在意義があるといえるでしょう。

この点では、学校もビジネス組織も変わらないはずです。文化祭や体育祭などでは、「みんなで力を合わせて」と号令がかかりますが、なぜか肝心の授業では「一人」でやることを強要されがちです。なぜ、授業ではみんなで協力し合わないのでしょうか。

互いに協力し合うことで、一人では得ることができない大きな成果を得ることができることは、私が行ってきたアクティブラーニング型授業でも実証されています。「7つの習慣」でいう、「依存状態から自立へ、そして自立から相互依存へ」という成長のプロセスは、アクティブラーニング型授業の目指すところとまったく同じです。

組織の中で、共通の言語を用いることで文化となる

「7つの習慣」の内容を少しずつ身につけていくと、鍵となる言葉が自然と口から出てくるようになります。

言葉として共通化するというのは非常に重要なことで、これによって生徒たちだけではなく、教師を含めた全員が同じ価値観や態度、同じ基準を持つことができるようになっていきます。そうなれば、全校レベルの文化に発展させていくことも可能でしょう。

たとえば、生徒同士で何か問題が起きたときでも、「Ｗｉｎ‐Ｗｉｎでいこうよ」「まず相手を理解しようよ」というように、自分たちが持つべき価値観や態度を示すことで、問題の捉え方、見方を一瞬で変えることができます。

前出のアインシュタインの言葉で説明されているように、問題を解決するには、その問題に対する捉え方やパラダイムを変えることが大切です。

「7つの習慣」には、よりよい人間関係を築き、個人の成長に役立つ言葉がたくさん

ありますから、授業や生活の中でどんどん活用していきたいものです。

パラダイムが結果を大きく変える。変化の時代に対応できるパラダイムを身につける

このように、「7つの習慣」が強く説いているのは、私たちのものの見方、考え方など、すべての判断基準となるパラダイムを変えることの重要性です。

これまでとは違う結果を出すには行動を変える必要がありますが、その行動を導くのは自身のパラダイムに他なりません。根本を変えずに表面だけを変えたところで、大きな行動の変化には結びつかず、結果が一変することもありません。しかし、パラダイム（考え方）を変えれば、行動がガラリと変わり、結果を大きく変えることができるのです。

アクティブラーニング型授業も、まさにこの「パラダイムを変えた授業」といえます。前述したように、授業における態度目標が、「しゃべる、質問する、説明する、動く、チームで協力する、チームに貢献する」ですから、これまでの授業に対するパラダイムとはまったく異なるのは明らかでしょう。

このように、大きな変化を起こそうと思うのなら、自分自身のパラダイムを変える必要があります。まずは「授業」に対するパラダイムを変えることから、すべてがスタートするのです。

4章

アクティブラーニング型授業の根幹を支える「7つの習慣」

「7つの習慣」概要

主体的に学び、協働的に取り組むことは、「7つの習慣」の私的成功、公的成功のモデルそのものといえます。「7つの習慣」の各習慣にある考え方、態度、行動は、アクティブラーニングを進めていくうえで、とても効果的なフレームワークです。

ここで簡単に「7つの習慣」を振り返っておきましょう。

第1の習慣から第3の習慣は、人が自立するための習慣です。「自分の人生を自分でコントロールする」ために、「セルフ・リーダーシップ」について学びます。

ほとんどの人が「自分は自立している」と思っていますが、本当にそうでしょうか。ビジネスで成果が上がらなかったり、人間関係にトラブルがあったりしたときに、多くの人は責任を自分以外のものに押し付けようとします。また、本当に自分が進むべき道が見えていないこともあります。そういう人は、本当の意味で自立しているとはいえないでしょう。

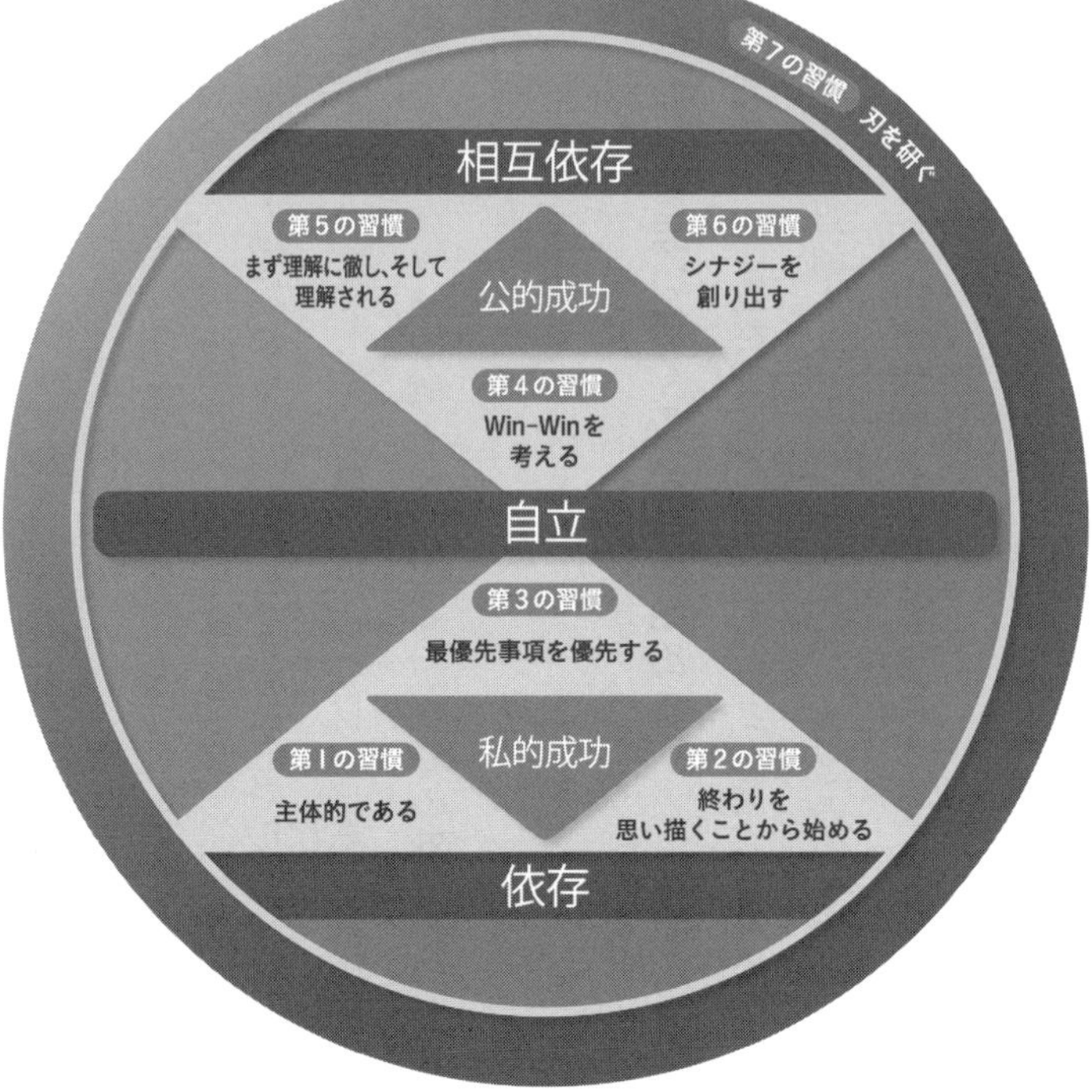
第7の習慣　刃を研ぐ
相互依存
第5の習慣
まず理解に徹し、そして理解される
公的成功
第6の習慣
シナジーを創り出す
第4の習慣
Win-Winを考える
自立
第3の習慣
最優先事項を優先する
私的成功
第1の習慣
主体的である
第2の習慣
終わりを思い描くことから始める
依存

自立するためには、まず、次の三つの習慣を身につける必要があります。

第1の習慣：主体的である

自分に降りかかる周りの環境からの刺激に対する反応や行動は、すべて自分自身が選択することができること。そしてそれらについて自分自身が責任を負わなくてはならないことを学びます。コヴィー博士は、「問題が自分の外にあると考えるならば、その考えこそが問題である」と述べています。

第2の習慣：終わりを思い描くことから始める

自分自身が何を大切にし、最終的にどういったことを達成したいのか。それを考え抜き、明確にしたうえで行動するという習慣です。第2の習慣を身につけることで、自分自身のすべての決意に理由が伴うようになりますから、やる気に満ちあふれ、やりがいを感じることができます。

第3の習慣：最優先事項を優先する

父親や母親、恋人、営業担当、担任の教師など、さまざまな役割を担っている人であれば、仕事以外にもするべきことが多いはずです。そうした多くの役目をどうすればこなせるのでしょうか。大きな目標を達成すべく、些細《ささい》なことに振り回されることなく、重要事項を優先するための「実行」の習慣です。

以上が、自立に不可欠となる三つの習慣です。この第4～第6の習慣が自立と私的成功のための習慣であるとすれば、この先の第4～第6の習慣は、人間関係におけるリーダーシップのための習慣であり、公的成功を目指す習慣です。

自立が人生のゴールではありません。周囲の人々との相乗効果を発揮することによって、相互依存関係を築き上げることが、社会に生きる私たちの最終的な目的といっていいと思います。

そして、現状に満足することなく、常に自分自身を磨き、成長し続けなければなりません。そのように、自らを再新再生し続ける努力を行う習慣が「第7の習慣：刃を研ぐ」です。

第4の習慣：Win‐Winを考える

ビジネスの世界では常に数多くの競争が行われています。確かに負けるわけにはいきませんが、自分だけが勝つというWin‐Loseではなく、自分も勝ち、相手も勝つというWin‐Winの精神こそが持つべきパラダイムです。ともに満足できる、双方が勝者になれると考え、そのための方法を導き出すための習慣です。

第5の習慣：まず理解に徹し、そして理解される

共感し傾聴することの大切さを知る習慣です。多くの人は、相手が話し終える前に、自分の話を始めがちですが、それでは相手は十分に理解されたと感じることができないでしょう。先に相手を理解することで、より自分も理解されるという、効果的なコミュニケーションを行うための習慣です。

第6の習慣：シナジーを創り出す

チームが存在する意味は、お互いのアイデアや考えを集結して、より大きな成果を得ることです。一＋一は二ではなく、三以上、一〇〇や一〇〇〇になることすらあります。異なる考えがぶつかって新たに生まれる案は妥協案ではなく、相手と自分の長所を生かした第3の案なのです。さまざまな個性の強みを生かして、さらなる成果を生み出すための習慣です。

第7の習慣：刃を研ぐ

きこりが木を切るときに、一人は休むことなくがむしゃらに切り続け、もう一人は一時間に一回の休憩をとってのこぎりの刃を研いでいたそうです。どちらが早く切り終えたかは、おわかりでしょう。私たちは肉体、知性、精神、社会・情緒という、人にしかない四つの側面を常に磨かなければなりません。自分自身を再新再生するための習慣です。

アクティブラーニング型授業の視点から見る「7つの習慣」

【「7つの習慣」パラダイムと原則】

ここからもう少し詳しく、「7つの習慣」がどのようにアクティブラーニング型授業に関連しているのかを見ていきましょう。

コヴィー博士は、書籍の中でも、「7つの習慣」の紹介をする前に、「パラダイムと原則」という章を設けて、パラダイムと原則の重要性を説いています。

3章でも説明したように、パラダイムというのは、ものの見方、考え方のことです。人は誰でもパラダイムを持っており、そのパラダイム自体を変えない限り、大きな変化は生まれません。

たとえば、教師が「授業ではとにかく生徒に知識を与えなければならない」というパラダイムを強く持ち続けているとすれば、アクティブラーニング型授業を導入して生徒の自主性を高めることは難しくなるでしょう。

形だけ取り入れて模倣することはできるかもしれませんが、もともと生徒主体の授業のパラダイムがありませんから、生徒からの質問や思いどおりにいかないことが多いと、すぐに自らのパラダイムに従って、いつもの授業スタイルに戻ってしまうでしょう。

繰り返しますが、私たちに求められているのは、授業に対するパラダイムを変えることです。時代は変わっているのです。「今、生徒に本当に必要なことは何か」を常に自分自身のパラダイムに問いかけなければなりません。

前述した「態度目標」も、一つのパラダイムといえます。生徒は、「授業というのは黙って聞くもの」というパラダイムを持っていますから、私の掲げる態度目標を見た瞬間、大きなパラダイムシフトが起こります。それがあるからこそ、結果を大きく変えることができるのです。

原則が支配している

原則というのは、物理の法則や自然の法則のように、私たちではどうすることもできないもの、あらかじめ決まっていることです。

コヴィー博士は、人間社会にも原則があり、この原則に反した考え方や行動をしている限り、成果を得続けることはできないと語っています。

「7つの習慣」では、原則の代表的な例として、「農場の法則」を紹介しています。農作物を育て収穫するには、畑を耕し、種を蒔き、肥料を与え、雑草を取り除き、手入れをすることでようやく収穫することができます。

教育や学習においても同じです。足し算を学び、方程式を学び、微分積分を学ぶというように、物事にはプロセスがあり、一つずつ成長していく必要があります。また、少しずつ日々学び続けていかなければなりません。

テスト前に一夜漬けを繰り返していても、テストではよい得点を取ることができるかもしれませんが、本当の知的成長にはつながりません。

人間関係においても同様です。信頼されたければ、信頼される人物になる。良好なコミュニケーションをするためには、相手のニーズを理解し、相手の利益を考える。これらはすべて当たり前のことであり、誰でも知っていることなのですが、なかなか実践することができないものです。

信頼性をつくるのは「人格」と「能力」

生徒は学校で、教科を通じて知識を身につけることに一生懸命に取り組みます。そしてその評価によって優劣がつき、評価が決まります。つまり学校で最も重視されるのは「知識」です。

しかし、ビジネスにおいて最も重要なことは何でしょうか。

コヴィー博士は、「信頼」であると述べています。

相手企業を信頼しているからこそ、製品やサービスを購入したり、業務を発注したりします。信頼があるからこそ、企業間での契約やコラボレーションが生まれます。

私たちの購買活動においても、何か物を買うときに、まったく信用していないメーカーの商品を買おうとはしないでしょう。また、商品は間違いないと思っていても、信用していない小売店から物を買うこともないでしょう。

では、どういう条件の下に信頼は生まれるのでしょうか。

人が信頼性を高めるためには、「人格」と「能力」という二つの要素を高めなければならないとコヴィー博士は語ります。また、この人格と能力は互いに補い合うことはできません。両方ともに高いレベルを要求されます。

たとえば、あなたがケガをして病院に行かなければならなくなったとします。近くに外科の病院はないかと同僚に聞いたところ、考え込みながら、外科のクリニックが二つあると教えてくれました。

「一つは、とても腕のいい医者なんだが人格に問題があって、手を抜いたり、高い費用を請求したりするクリニックだ。もう一つは、本当に素晴らしい性格の持ち主で費用も良心的なんだけど、肝心の腕がいま一つのクリニックだ。私もこの前、大変な目に遭ったよ」

あなたはどちらの医者を選びますか？　もちろん、どちらの医者も選ぶことはないでしょう。

これは極端な例ですが、ビジネスにおいても生活においても、同じことがいえます。人格と能力、どちらが欠けていても人から信頼を得られないのです。

率直にいえば、学校では能力の側面を中心に学ぶことになります。基礎となる学力（狭い意味での学力、ペーパーテストの点数と理解してください）を身につけることが学校の役割だからです。

それに対して人格面はどのように学び、身につけていったらよいのでしょうか。「7つの習慣」では、「人格」に不可欠な三つの要素として、「誠実」「成熟」「豊かさマインド」があると紹介しています。

まず「誠実」とは、自分の価値観を明らかにして、日ごろの生活において、その価値観に基づいて主体的に計画し実行していくことです。意義ある「決意と約束」をし、それを守ること、つまり言動を一致させることで、誠実さを高めることができます。

「成熟」とは、勇気と思いやりのバランスです。成熟した人とは、自分の気持ちや信念を表現する勇気と相手の気持ちや信念を尊重する思いやりのバランスがとれている人のことです。

あなたが誰かと一緒に何か仕事をしようとするとき、状況をよく理解しサポートする思いやりの気持ちと同時に、アウトプットに対する責任を厳しく求める姿勢もなければ、クオリティの高い仕事を成し遂げることは難しいでしょう。

「豊かさマインド」とは、すべての人を満足させることが可能であるという考え方です。

ほとんどの人は、この逆の「欠乏マインド」と呼んでいる考え方を持っているようです。欠乏マインドとは、すでに全体の量は決まっていて、誰かがそこから何かを取ると、自分の取り分が減ってしまうという、「ゼロサム（一方のプラスが他方のマイナスになり、両方の得点の総和は必ずゼロになる）」の考え方です。

たとえば、口では「おめでとう」と言いながらも、心の中では嫉妬心でいっぱいになり、他人の成功は自分の失敗と考えてしまうような考え方です。こういう考え方ではお互いの意見の違いや立場の違いを抵抗や反抗と見てしまい、チームプレーによってより大きなものを得ることが難しくなります。

豊かさマインドの持ち主は、すべての人の満足感を満たすことが可能だと考えている人で、利益や成功を他の人と分かち合い、心の中から喜ぶことができる人です。障害や困難なことに衝突しても、二者択一思考に陥ることなく、代替案を考え、選択肢を広げ、さまざまな可能性を考えることによって、解決策を見いだすことができます。

【第1の習慣：主体的である】

「7つの習慣」の中でも、この第1の習慣が、アクティブラーニング型授業のねらいを最も端的に表している習慣ともいえるでしょう。

「7つの習慣」でいう「主体性」とは、単なる積極性や率先という意味に加えて、自ら選択できること、自分の選択したことには責任があるという意味を含んでいます。

まさにこれは、「自ら理解する方法を選択できる」ということであり、理解するためには、教科書を読んで自分で理解する、誰かに聞いて理解する、話し合って答えをともに考える、などの選択を自分で行うことができるということです。

「7つの習慣」では、選択する力は、人間だけが持つ能力であり、その選択は「自覚」「想像」「良心」「意志」の四つの能力によってもたらされるとしています。

アクティブラーニング型授業は、この四つの能力を磨くにも、ふさわしい授業スタイルだといえるでしょう。

自分自身の理解度をコミュニケーションによって自覚し、答えを想像し、意志の力で答えを判断し、良心を用いて教えたり教えてもらったりします。

また、仮に誰かに聞いて間違った理解をしたとしても、それは自分の意思による選択であり、責任は自分にあるということです。

研究のために「7つの習慣」の内容を取り入れた模擬授業を教師の方々向けに行った際にも、先生たちから、第1の習慣と関連しているポイントとして、「まずやる」「わかる」「自ら努力する」「自分から質問する」など、多くのご意見をいただきました。

【第2の習慣：終わりを思い描くことから始める】

「終わりを思い描くことから始める」とは、何事においても、終着点、目的地をまず描いて（決めて）から始めるということです。

私の授業では、授業の大きな目的として「科学者になる」ことを挙げ、一回の授業の目的として、「一〇〇点満点を取る」ことを目標に掲げています。

これによって、生徒たちは長期と短期それぞれにおいて目指すべきところを明確にイメージすることができ、行動に迷いがなくなります。

つまり、「終わり」というのは、目的といってもよいでしょう。

これまでのほとんどの授業では、生徒たちにこうした具体的な目的や目標を持ってもらうことをやっていないと思います。人は具体的な目標を持つと行動が大きく変わります。そしてその目標が達成されたときに、大きな達成感を味わい、また次の目標に向かおうという気持ちになるのです。

この第2の習慣は、教師にとっても意味のあることです。先ほど授業に対するパラダイムについて紹介しましたが、そもそもこの授業の目的は何か、一年の授業を通して、生徒に何を身につけてもらいたいのか、生徒にどうなってほしいのか、自分自身はどうなっていたいのかを考えることは、どのような授業を行うにしても、とても重要なことです。

模擬授業を行った先生たちも、自分のこととして捉えられた方も多く、「生徒につけさせたい力は何かを考えて授業設計する」ことが必要だとおっしゃっていました。
授業に関しても、「ゴールを設定してから取りかかる」「授業の目標をしっかりと明示する」など、第2の習慣を当てはめて考えていらっしゃるようでした。

【第3の習慣：最優先事項を優先する】

第3の習慣は、時間管理の習慣といってもいいかもしれません。授業は限られた時間しかありませんから、その時間の中で何を行うか、どうすれば最も大きな成果を上げることができるのか、あるいは何を削らなければならないかを綿密に計画し、実行しなければならないからです。

アクティブラーニング型授業に挑戦している教師の方々の中で、非常に多い質問が、「伝えることが多すぎて、ディスカッションやリフレクションの時間を取ることができない」というものです。

研究のための模擬授業を行った先生たちからも、限られた時間という点で多くのご意見をいただきました。「限られた時間の中で取り組む環境をどうつくるか」「公式を理解した後、どのように理解などを深めるか」「限られた時間の中でどう配分するか」など、時間については多くの課題を感じていらっしゃるようでした。

私のアクティブラーニング型授業では、説明に費やす時間は一五分しかありません。これについても、「どうしたらそんなに短くできるのか」というご質問をよく受けますが、その答えは、「教科書を読めばわかる内容は説明しない。重要なことだけを説明する」ということです。

ついつい、教師は教科書にわかりやすく書いてある内容についても丁寧に説明しようとしますが、生徒たちのレベルはそこまで低くありません。読めば理解することはできますし、仮に理解できないことがあったとしても、それをディスカッションやコミュニケーションで補っていくことに意味があるわけです。生徒たちで教え合ったほうが、むしろ理解は深まります。

重要なことは、「7つの習慣」にもあるように、生徒たちに任せるところは思い切って任せ、重要なことだけを指導するようにすることです。微に入り細に入りやってしまうと、生徒の自主性を育てることができません。

【第4の習慣：Win-Winを考える】

Win-Winを考えるということも、これまでのパラダイムとは大きく異なります。

これまでは、教科の勉強は競争であり、人よりも高い点数を取ることが一つの考え方でした。しかし、それでは他人の成績が自分の基準となってしまい、主体性とはまったく異なる考え方になります。自分を高めると同時に相手も高める、その結果、お互いにより高いレベルに達していこうという考え方こそが重要です。

第4の習慣のWin-Winを考えるは、自分も勝つし相手も勝つという考え方です。自分も相手も勝つというのは、生徒同士だけの関係に留まりません。

生徒も勝ち、教師も勝つのです。教師も本来の目的である生徒の成長を助け、自分自身の成長も実現するという、Win-Win-Winの関係を築くといってもいいでしょう。

実際、模擬授業に参加した先生方からも「教える側にも新たな気づきが生まれることが多く、教師と生徒の間でもＷｉｎ－Ｗｉｎの関係になれる」というご意見もいただきました。また、「みんなができるようになる」「Ｗｉｎ－Ｗｉｎになろう！」という新しい考え方を生徒に持ってもらうことができると、大きなパラダイムシフトを実感されていました。

本来、私たちの生活は、Ｗｉｎ－Ｗｉｎの精神によってできています。友人関係もそうですし、家族も同様です。

それがなぜか、学校に来ると、生徒同士が点数で競争することになってしまいます。授業の中でも生活における原則と同じ原則が維持されるべきです。そうでなければ、子どもが学校教育を受けることが家庭の幸せを壊すことになりかねないのです。

私が常に申し上げている、「授業の中に人生の原則を応用し、生徒に認識してもらうこと」にも共通しています。生活で教えられる、あるいは当たり前だと思っていることが授業でも実践されることが重要だと思っています。

【第5の習慣：まず理解に徹し、そして理解される】

日本人は、もともとコミュニケーションが苦手な国民性だといわれていますが、この第5の習慣も、これまでのコミュニケーションの常識を覆すようなパラダイムシフトです。

コミュニケーションといえば、私たちはプレゼンテーションのスキルやどうやったら理解してもらえるかということばかり追求してきました。

私たちの会話（コミュニケーション）においても、多くの人が自分の思いを理解されたくて必死に話そうとします。

しかし、コミュニケーションの鍵を握っているのは、相手の話を聴き、心から理解しようと努めることです。良好なコミュニケーションを行おうとするならば、まず相手の話を聴くというパラダイムと聴くスキルを身につけなければなりません。

そうすることによって、相手は「自分のことが理解された」と感じ、ようやく理解しようとしてくれます。

アクティブラーニング型授業では、コミュニケーションが非常に重要なポイントになります。授業の内容を理解できなければ、誰かに聞かなければならないからです。そして聞くだけではなく理解しなければなりません。

また逆に、教える側も、質問する人が「何がわからないのか」を理解しなければ答えることはできません。

生徒たちは、この話し合い、ディスカッションを通して、人の話を聴くことの大切さを自然に学ぶことができます。

模擬授業を行った先生たちからも、第5の習慣との関連性において、「相手の言い分をよく聴く」「相手が、何がわからないのか理解する必要がある」「わからない人のわからないところがわかる」と理解することの必要性についての声が多く挙がったのと同時に、「質問に応じた答えを考える。説明する」「自分がわかると同時に同じグループの他人にもわかってもらう」「わからない人にも、理解してもらおうと説明を考える」など、いかに理解してもらうか、その重要性についての反応が目立ちました。

【第6の習慣：シナジーを創り出す】

授業においてシナジー（相乗効果）を創り出すというのはイメージがつきにくいかもしれませんが、私たちが求めるのは、まさにこの「シナジー」です。

それぞれ一人で考えていたときにはわからなかったことが、全員で討議することで答えを導き出すことができたり、誰かに教えているときにもっとよい答えの出し方を思いついたり、授業中にたくさんのシナジーが生まれるのです。

A君は問題の一番はわかるけれど二番がわからない、B君は二番はわかるけど一番がわからない、この二人が教え合うことで、二人とも両方を理解できるとすれば、これも十分にシナジーを生み出しているといえます。

また、ディスカッションを通じて、他者の考え方、問題の捉え方が違うということに気がつきます。そして、考え方が違っても、それは間違っているわけではなく、それぞれの個性であることに気がつきます。

考え方、問題の解き方の違う仲間がいて、それを知ることで学びが深まるのです。

先生たちも、通常の授業ではありえなかった、「全員一〇〇点を取れるように協力することを目標とする」「自分のできること（知識）だけでなく、他者と協力することで力を発揮させる」「話し合うことで問題が解ける」「チームで協力し、互いに教え合う」ことが、アクティブラーニング型授業では可能になることに驚かれていました。

【第7の習慣：刃を研ぐ】

刃を研ぐとは、人には「肉体」「知性」「社会・情緒」「精神」と四つの側面があり、そのすべての側面をバランスよく磨き続けることです。これによって成長のスパイラルを上っていくことができます。

ポイントは、四つの側面すべてにおいて磨くということです。私たちは学校では、主に知性、体育の授業で肉体面を磨きます。

しかし、社会・情緒面や精神面においては、ないがしろにされがちです。社会・情緒面とは、コミュニケーションを通じて良好な人間関係を築き、感情を安定させることです。人間関係のトラブルは大人でも大きな問題に発展することがあり、生徒たちにとっては本当に大きなテーマでしょう。

アクティブラーニング型授業では、ディスカッションや討議を通じてコミュニケーションのスキルを学び、社会・情緒面を十分に磨くことができます。

そして精神面においては、私は授業の最後に「リフレクションカード」というものを用いることにしています。その日の授業の感想を生徒たちに書いてもらうためのカードです。

「リフレクション」というのは、「自省、内省」という意味ですが、授業の最後に自分自身を振り返ることで、学ぶべきポイントを自覚したり、効果的に学ぶにはどうすればいいのかを自ら考えてもらうことが目的です。

5章

実践
「7つの習慣アクティブラーニング型授業」

ここで、私が実際に行った授業を紹介することにしましょう。言葉遣いもほぼそのままの形になっていますので、効果的な声掛けや介入の仕方のヒントにしていただければと思います。

また、随所にコラムを設け、アクティブラーニング型授業を行ううえでのポイントや、「7つの習慣」との関連づけなどについてもご説明していますので、ぜひ、ご参考にしてください。

イントロダクション

それでは物理の授業を始めます。

この授業の目標は、皆さんに「科学者になってもらうこと」です。といっても、職業的な意味で科学者になるということではなくて、科学的なものの見方や考え方ができるような人になってほしい、ということです。

この時間の目標

1.【態度目標】しゃべる、質問する、説明する、動く、チームで協力する、チームに貢献する

2. 理解すること

(1)〈用語を理解する〉

波、媒質、波源、単振動、周期、振動数
波形、変位、正弦波、山、谷、波長、
位相、同位相、逆位相

(2)〈イメージを描く〉

波の速さ

$$v = \frac{\lambda}{T} = f\lambda$$

そうすると、科学者ってどんなことをやっているのかが気になりますよね。実は、科学者って、黙ってじっと勉強していることはあまりないんです。実際の研究の大半はチームでやりますから、みんなで考えたり、みんなで助け合ったり。わからないことがあったら、人に聞きに行ったり、あるいは教えに行ったり。そういった行動をとることがとても多いのです。

そういう意味で、皆さんに科学者になってほしいと思ったとき、通常の授業のように、私が一方的に話を

して、皆さんは五〇分間、動かずにじっと聞いているというスタイルだと、自由に話し合うことができないので、誰かに教えることも、質問することも、チームで協力することも、できなくなってしまいます。

なので、そういったことを普段の授業の中でどんどん練習できるような形をつくっていきたいと思っています。よろしくお願いします。

7つの習慣コラム

第2の習慣は、「終わりを思い描くことから始める」です。何事もまず自分が目指すべきところを明確にしたうえで行動を起こすことが重要だということです。私の授業の際には、授業の最初に「科学者になる」という目的、目標を伝えます。

この段階でイメージできる目標を伝えることで、生徒はこの授業が単にテストでよい点数を取ることを目標にしているのではないことを理解します。

また、人は、自分が向かうところ、達成したいことを明確にすることで、行動に迷いがなくなります。「7つの習慣」でも紹介されていますが、「今やるべきことはこれだ」と勘違いして、頂上に登って初めて、目指すべきところが違っていたとわかることほど、無駄なことはありません。

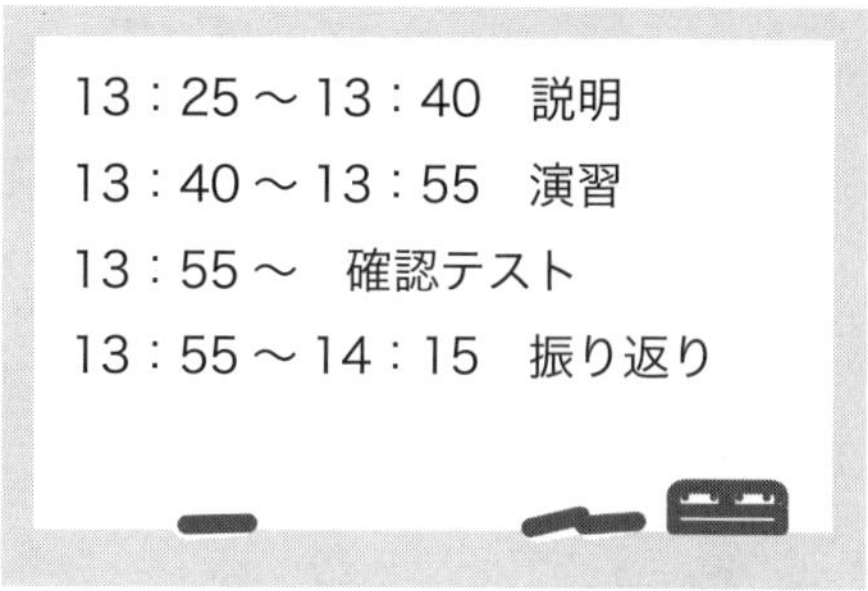
13：25～13：40　説明
13：40～13：55　演習
13：55～　確認テスト
13：55～14：15　振り返り

〈ホワイトボードに書かれている内容を見ながら〉

さて、今日の授業は、波の話です。波がどんな風に伝わっていくのか。波の速さという概念が大事なので、このへんのことがわかってもらえるといいなと思っています。理解するうえで一番大事なポイントは「イメージを描く」ということ。そこを意識しながら授業に取り組んでくださいね。

ホワイトボードにもあるように、最初の一五分は私から波について「説明」をします。その後、皆さんに「演習」、つまり練習問題をやってもらいます。これも一五分くらいです。その次が「確認テスト」。この確認テストは全員が一〇〇点を取ることが目標ですから、皆さん、絶対に一〇〇点を取って帰ってくださいね。そして最後に、「振り返り」を少しゆっくりやろうと思っています。

ポイント
最初に、「説明」「演習」「確認テスト」「振り返り」という全体の授業の仕組みについて説明します。ホワイトボードに時間を示しているのは、それぞれ「何時何分から始めるか」ということを重視しているからです。

〈目的、目標、態度目標などの投影内容を見ながら〉

ここ（次ページの図）に書かれている中で特に大事なのは、「態度目標」です。どういうことかというと、「しゃべる」「質問する」「説明する」についてはわかりますよね？

「動く」は、席を立って立ち歩くということです。皆さん、あっち行ったりこっち行ったりしてみてください。

それから「チーム」というのは、今一緒にテーブルを囲んでいる人を基本のチームと考えておいてくれればいいです。どんどんチームのみんなと協力し合ってください。そして、皆さん一人ひとりがチームに貢献をしてください。

この時間の目標

1.【態度目標】しゃべる、質問する、説明する、動く、チームで協力する、チームに貢献する

2. 理解すること
(1)〈用語を理解する〉
波、媒質、波源、単振動、周期、振動数
波形、変位、正弦波、山、谷、波長、
位相、同位相、逆位相

(2)〈イメージを描く〉
波の速さ　$v = \frac{\lambda}{T} = f\lambda$

さて、ここには、皆さんが普段受けている授業では常識になっているルールが入ってないと思いませんか？　それは何でしょう？　ちょっとチームで考えてみてください。普通の授業だとやるべきこと、守らないといけないことの中で、ここには書かれていないことは何でしょう？　はい、チームで一〇秒間、話し合ってください。よーい、どん。

さあ、答えは出ましたか？

（生徒） しゃべらない。

「しゃべらない」。他にありますか？　あれ、もうないのかな。そんなもの？

私の感覚だと、普通の授業では、まず「黙っている」「じっとしている」「きれいにノートを取る」みたいな感じではないかなと思います。

しかし、ここには一つも書いてありませんよね。ということは、この授業に関していえば、黙っていたり、じっと動かずにいるのは「悪い授業態度」ということになります。だから皆さん、どんどんしゃべったり動いたりしてくださいね。それが、この授業のルールです。

大丈夫ですか？　大丈夫ですね。はい。では、ぜひみんなで協力し合って、そういうよい授業態度をとるようにしてください。

7つの習慣コラム

コヴィー博士は、パラダイム（ものの見方、考え方）を変えなければ、大きな変化を得ることはできないと、「7つの習慣」の中で述べています。パラダイムとは、私たちが知らないうちに身につけている、ものの見方、考え方であり、判断基準、規範となるものです。

私が態度目標を掲げているのは、まさにこのパラダイムを変えるためです。態度は人間関係を築くうえにおいても非常に重要なことであり、態度には私たちの持つパラダイムや価値観が色濃く反映されます。

ですから、態度を改めるということは、自分の考え方、判断基準をリセットすることになるわけです。

態度目標として書かれている内容は、難しいことでもわかりにくいことでもありません。むしろ当たり前だと思えることです。しかし、これまでの授業ではまったく当たり前ではありませんでした。

おそらく、初めてこの態度目標を見た生徒たちは、非常に驚いたと思います。その瞬間、この授業に対する見方や考え方、つまりパラダイムが大きく変わったのではないでしょうか。どんなパラダイムを持つかによって、授業から得るものも大きく変わってくるのです。

今日のテーマは「波」です。

「波」について知っていることはどんなことですか？
隣近所の人と話し合ってください。

説明

では、授業の内容に入りましょう。細かいところは教科書に載っていますので、後で見てもらえればいいと思います。

波について、皆さんはどんなことを知っていますか？　波と聞くと、どんなことをイメージしますか？　チームのみんなと、波について知っていることや気になっていることについて、フリートークで話し合ってください。時間は二分間です。はい、どうぞ。

〈フリートーク中：生徒たちの間を回りながら〉

「さざ波」ですか。さざ波というのはどういう波なんだろうね？

ここのチーム、女子はあなた一人だけなの？　大丈夫？　あれ、みんなと話できますか？　大丈夫？　みんな下を向いちゃった（笑）。もしかして、他の男の子たちが不親切なのかな？　みんながいじめる？　大丈夫？　泣き出さないようにしてね（笑）。

このチームは、波についてどんな話が出てきましたか？　知っている波というと……音？

地震？　おお、いいですね。

〈フリートーク終了〉

！ポイント
こうやってみんなでワイワイ話をするという経験をしてもらうことで、クラスやチームの雰囲気がとてもよくなり、積極的な学びの姿勢を引き出すことができます。

では、具体的にどんなものが出てきたか、皆さんに聞いてみましょう。
はい、まずはこのチームから。波について出てきた具体的なものを一つ挙げてみてください。

（生徒） 地震の波。
地震の波。ありがとうございます。次のチームは？

（生徒）　海の波。

海の波。はい、次のチームは？

（生徒）　音。

音がどうして波だとわかりましたか？　まあ、そう言われているらしいということですよね（笑）。他には？

（生徒）　津波。

はい、津波も大きな波ですね。他には？

（生徒）　電波。

おお、電波が波だとどうしてわかるんでしょうか？　漢字で「波」って書いてあるもんね（笑）。

さあ、他にはどうですか？　だいたいそんなところですか？　みんな、真面目なことしか思い浮かべていないようですね。これまでの授業でよく出てきたのは、カメハメ波とか、波動法とか、ワープとか。それらも全部、波の現象なんですよ。

カメハメ波については、たぶん、この漫画の作者は波のことや電波のことをよく知っているのでしょうね。カメハメ波を出すときの手の動かし方を見ると、ちゃんと電波が発生するときと同じような形になっています。今後、物理Ⅱで詳しく電波のことを学んだ後で、あのカメハメ波を出すときの手の形をもう一回見てください。非常に理論的にできていることがわかりますよ。

7つの習慣コラム

最初の段階で特に重要なのが、他人の意見を積極的に聞く（聴く）ということです。他の生徒が何を言っているのか、どんな意見を持っているのか、お互いによく聴くことです。まずは相手の意見を理解すること、ここからコミュニケーションは始まります。

最初から、「私の意見はこうだ」と意見を言い合うばかりだとコミュニケーションは成り立ちません。自分の周囲の人たちがどのような考え方をしているのかを理解することで、周囲の人も意見を受け入れやすくなります。

普段から生徒は正解を求められるコミュニケーションしか経験していませんので、自分の意見を理解されるという経験がほとんどありません。「7つの習慣」でも述べられているように、人は自分の意見を理解されたと感じて初めて人の話を受け入れようとするのです。

これは教師においても同じことがいえます。教師は早く正解を伝えたいと思い、教師の考え方、正解へのアプローチを強制しようとしてしまいます。まず、生徒がどんな考えで、どんな意見を持っているのかをしっかりと理解してください。

そうすることで、生徒は自分の意見が受け入れられたと感じ、教師の意見を受け入れる準備ができるのです。

〈ウェーブマシンを見せながら〉

そもそも、波とは何なのかというと、振動が伝わる現象のことです。実際の波には、海の波、地震、音など、いろいろありますが、皆さんにはまず、具体的な波のイメージを持ってほしいと思います。

これはウェーブマシンといって、波のようなものをつくることができる機械です。ほら、面白いでしょ。こうやって波が向こう側に行って、ぶつかって、跳ね返って、戻ってくる。ちゃんと見えますか？　見えない人は適当に見える場所に移動してくださいね。

さて、今、この波はどちらに向かって動いていましたか？

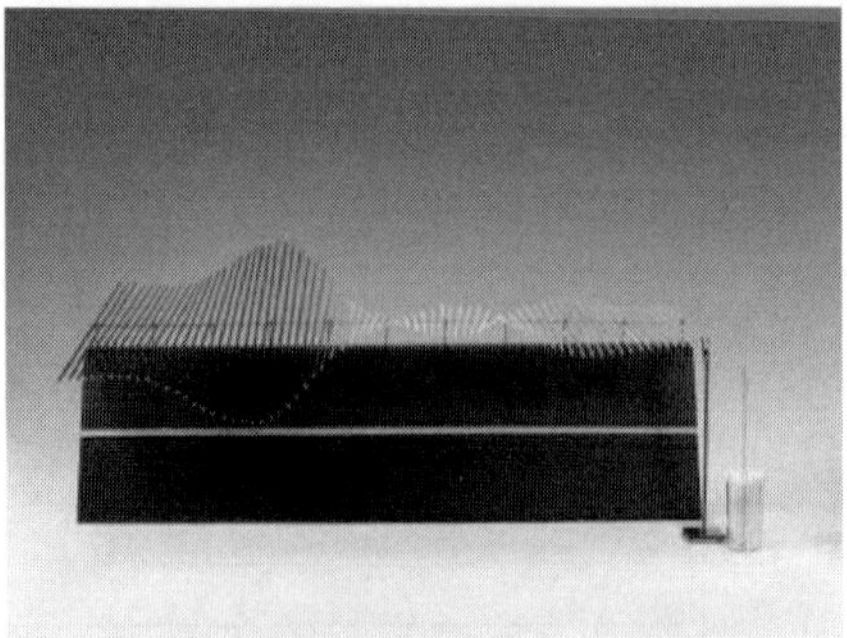

ウェーブマシン
（写真提供：日本スリービー・サイエンティフィック株式会社）

（生徒）　右側。

右側に行って戻ってきて、こういう風に動いていますね。今はこういう風に動いているように見えていますが、今度はちょっと視点を変えてみましょう。

さっきと同じように、波を行ったり来たりさせますが、皆さんは自分の心の中で、どこか一点に印をつけて、そこだけに注目しながら、波がどう動いているかを見ていてください。いいですか？　さあ、波が行って、戻ってきます。どうでしたか？

もう一回やってみましょう。波が行って、戻ってきます。さあ、皆さんが目印を付けた一点はどのように動いていましたか？

（生徒）　上に上がって元に戻る。

そう、一見すると左から右に動いているように思えるけれど、一つひとつの場所では上に上がって元に戻って、そうやって少しずつ山が元の位置から横にずれていっています。このように、一つひとつの場所が上に行ったり下に行ったり、そうやって行ったり来たりすることを、物理では「振動」といいます。

波というのは、一つひとつの山が振動していて、それが少しずつずれて、その振動が隣に伝わっていくものだということがいえます。つまり、波の定義は「振動が伝わる現象」だということになります。

〈波の模式図（写真）を見せながら〉

もうちょっと詳しく見ていきましょう。元は一つひとつの場所（次ページの図内、図3のつりあいの位置）でじっとしていたものが、それぞれ上がったり下がっ

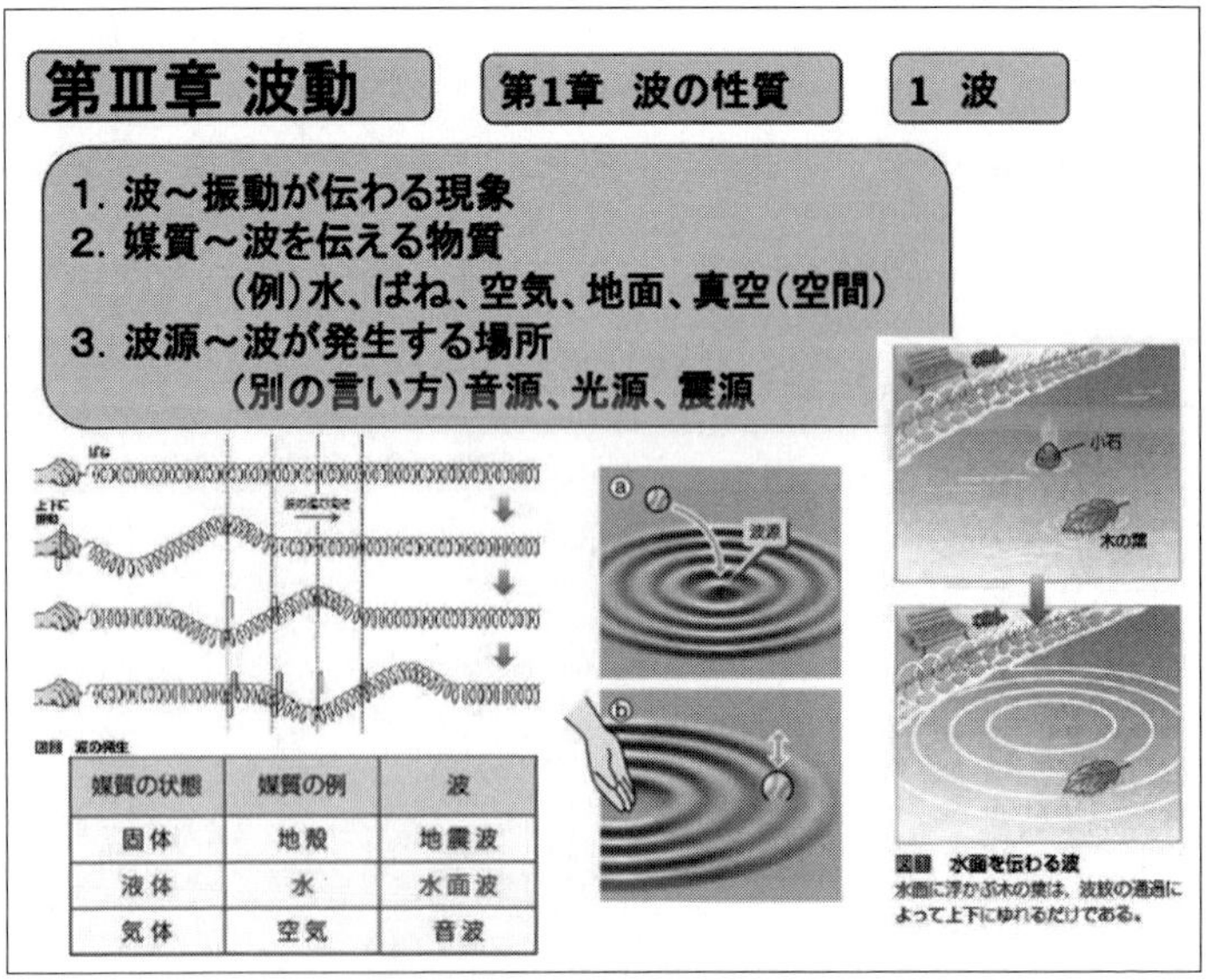

たりして、少しずつ隣にずれて伝わっていくと、こういう形（下図内、図4の(C)になります。これはわかりやすくするために同じ写真をずらしてつくったものですが、この形と今実際に見てもらった波の形は、よく似ていますよね。上下の動きが少しずつずれて隣に振動が伝わっていくと、こういう形、いわゆる波の形になる、ということです。

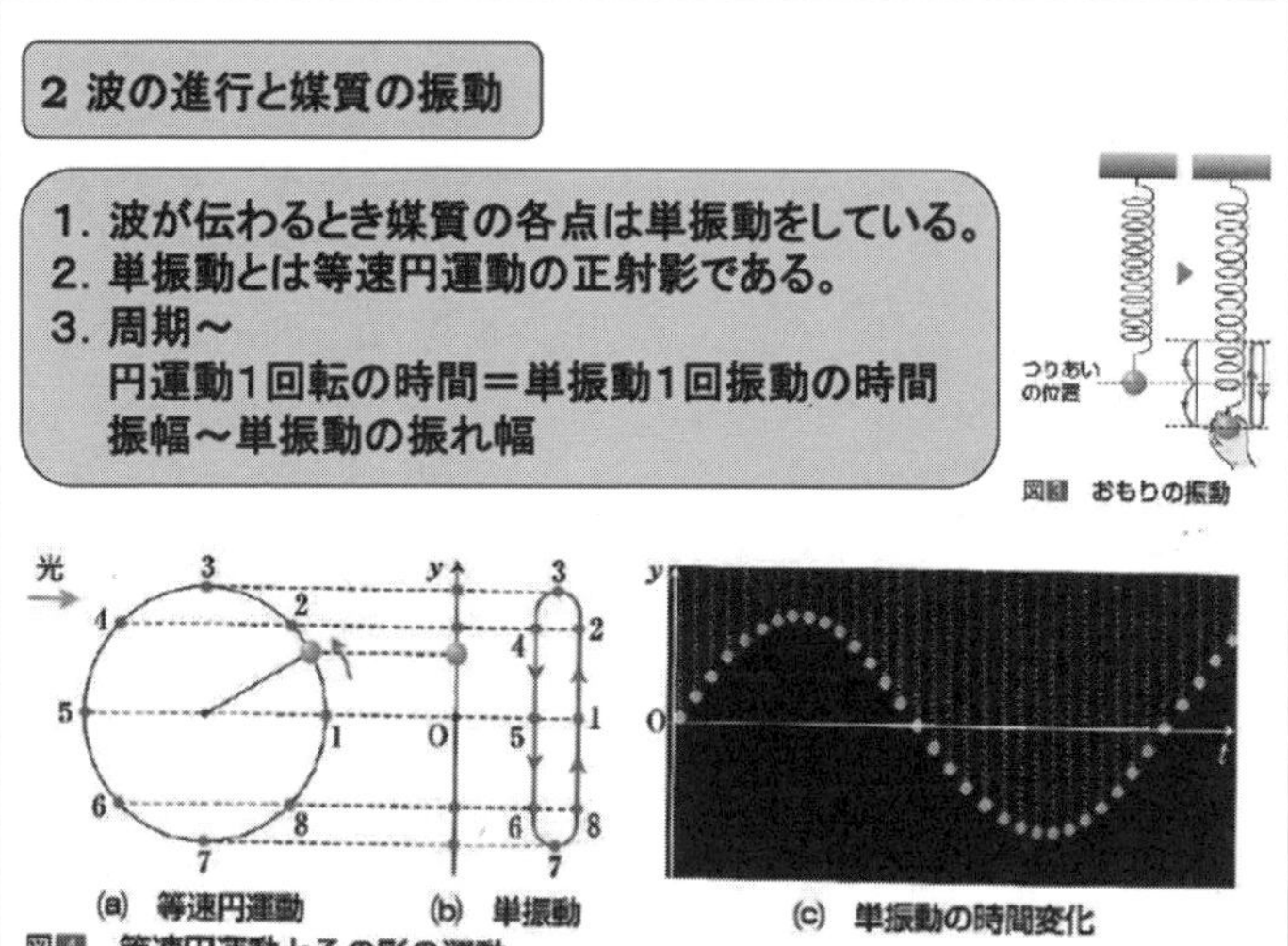
2 波の進行と媒質の振動
1. 波が伝わるとき媒質の各点は単振動をしている。
2. 単振動とは等速円運動の正射影である。
3. 周期～
円運動1回転の時間＝単振動1回振動の時間
振幅～単振動の振れ幅
つりあいの位置
おもりの振動
光
(a) 等速円運動
(b) 単振動
(c) 単振動の時間変化
図4　等速円運動とその影の運動

！ポイント
このように、最初の一五分間で授業の内容を説明します。パワーポイントでつくった資料をプロジェクターで投影することで私が板書する時間を割愛するのと同時に、映っている部分は全部印刷して事前に生徒に配っておくことで、生徒がノートに写す必要もなくなります。こうした時間の積み重ねもあって、通常の物理の授業では二コマ分くらいかかる説明を一五分間で済ますことが可能になっています。

〈教科書を見せながら〉

この図（次ページの図）を分解写真風に見てください。こういう風に、波は、一ヵ所が上がったり下がったりすると、それが隣へ隣へと少しずつずれて進んでいきます。こうやってゆっくり分解してみると、波の性質のイメージがつかみやすくなるのではないでしょうか。

速度や振動数など、波に関するさまざまな要素については、教科書に詳しく説明されていますので、後で読んでもらうとほとんどわかると思います。

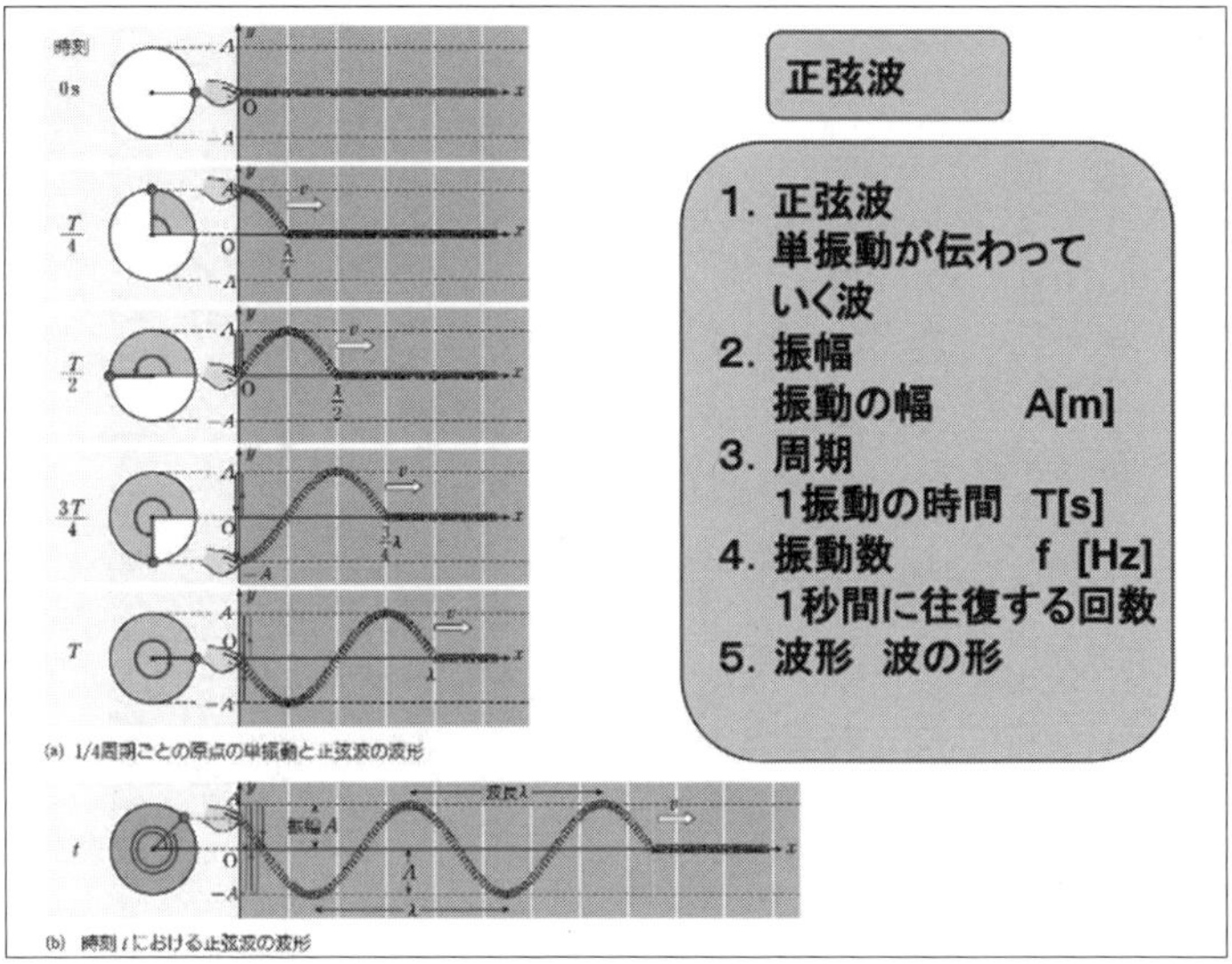
正弦波
1. 正弦波
単振動が伝わって
いく波
2. 振幅
振動の幅　　A[m]
3. 周期
1振動の時間　T[s]
4. 振動数　　　f　[Hz]
1秒間に往復する回数
5. 波形　波の形
(a) 1/4周期ごとの原点の単振動と正弦波の波形
(b) 時刻tにおける正弦波の波形

ポイント

最初の一五分で本来の二コマ分の授業内容を説明するわけですから、「何を語って、何を語らないでおくか」という自分なりの基準を設けておく必要があります。端的にいえば、「教科書を読めばわかることは、わざわざ説明しない」ということです。

今回の波の授業でいえば、「上のほうに行ったら山、下のほう行ったら谷といいます」とか、「この高さを振り幅といいます」などということは、いちいち説明しなくても生徒たちはすぐにわかります。ですから、教科書を読むだけでは理解が難しいだろうと思うことに絞って説明しておけば、授業時間を有効に使えますし、生徒が後で教科書を読んだときにも理解しやすいわけです。

波の速さについての考え方を少し説明しておきましょう。

単位時間当たり、たとえば、波の山がどれだけ動いたか、それに何秒かかったか。移動した距離を時間で割れば、速度を導き出すことができます。これは一般的な速度の定義と同じですね。

それからもう一つ、振動数（F）と周期（T）の関係についても考えてみましょう。

振動数というのは、一秒間に何回行ったり来たりするかということです。周期というのは、その行ったり来たりするのに何秒かかっているかということです。

その関係式が「F＝1／T」となります。この式ではFとTが逆数の関係になっているということがわかりますか？

！ポイント

ここは、生徒たちの顔色を見ていたら怪しいなと思ったので、急遽、説明することにしました。前のほうでウェーブマシンを使って波を見せたのも、「波というのは振動が伝わっていくことですよ」ということを一瞬でイメージしてもらうためです。説明を割愛すれば、その分、演習の時間が確保できて、生徒たちが主体的かつ協働的に学び、アクティブラーニングを起こすための時間を長く取れますから、説明したいと思っても、ちょっと我慢するくらいがちょうどいいのかもしれません。

この「F＝1／T」の関係式がどのようにして導き出されたものなのか、どうしてそうなるのか、チームで話し合ってみてください。落書き用に模造紙を置いておきますので、自由に使ってください。二分間です。よーい、どん。

〈フリートーク中：生徒たちの間を回りながら〉

今、教科書のどこをやっているかわかりますか？　ここに書いてありますよ。

教科書九〇ページ、九一ページも見ながらやってくださいね。プリントには図だけしか載せていないので、説明については教科書を見てください。

さて、「F＝1／T」の式がわかりますか？　わからないかな？

はい、終了。では、ちょっと聞いてください。どうしてそうなるか、具体的に考えると簡単なんです。

波が行って戻ってくるのに一秒かかったとします。このとき、一秒間に何回振動しているといえますか？　一回ですよね。じゃあ、行って戻ってくるまでに一〇秒かかったとします。そしたらこれは、一秒間に何回振動しているといえますか？

（生徒）　一〇回。

一〇回？　行って戻ってくるのに一〇秒かかるとしたら、かなりゆっくりだよね。そのときの一秒分ってどれくらい振動していることになると思いますか？

（生徒）　一〇分の一。

そう、一〇分の一回振動した、といえますよね。

7つの習慣コラム

積極的に生徒たちからの声を拾い上げます。大切なことはどの意見も否定せず、尊重することです。

第6の習慣は、「シナジーを創り出す」ですが、シナジーを生み出す第一歩は、一人ひとり考えは違うということを理解することです。その違いを生かすことからシナジーとなる「第3の案」を生み出すことにつながります。

こうした意見を拾い上げることで、生徒は、自分の意見以外に、さまざまな意見があることを知ります。

これまでの教育では、正解は一つしかなく、どうすればその答えに近づくことができるかというアプローチでした。しかし、アクティブラーニング型授業では、むしろ、生徒同士の積極的なコミュニケーションを通じて、さまざまな意見を引き出し、いろいろなものの見方、考え方があることに気づき、自分の意見もその中の一つであることを認識することが大切です。

協力するということは、人それぞれの意見は違うということをまず理解することから始まるのです。

じゃあ、もっと遅くしてみましょうか。二〇秒かかって行ったり来たりする。これ、一秒間に何回振動しているといえますか？

（生徒）　二〇分の一。

二〇分の一だよね。じゃあ今度は速くしてみましょう。ものすごく速く行きますよ。一秒よりもっと短くして、一〇分の一秒で行ったり来たりした。としたらこれは、一秒間に何回振動しているといえますか。

（生徒）　一〇回。

一〇回ですね。じゃあ最後、もっと速くしてみましょう。一〇〇分の一秒で行ったり来たりした場合、一秒間に何回振動しているといえますか？

（生徒）　一〇〇回。

そう、一〇〇回です。

〈振動数と周期の方程式「F＝1／T」の各パターンを見せながら〉

こうやって式を並べてみるとわかりますか？　ここで掛ける係数はいつも一ですよね。で、振動数（F）が二倍、三倍になっていくと、周期（T）は二分の一、三分の一になっていく。だからFとTは常に逆数の関係になって、F＝1／Tという式が成り立ちます。これは後で練習問題を解くときにも重要になるので、ちょっと頭に入れておいてくださいね。

それから、教科書に「位相」という話が出てきますので、簡単に説明しておきましょう。

たとえば、赤い波と青い波があったとします。二つの波の山の部分が重なっている場合は「位相が同じ」といいます。

f[Hz]	T[s]
1	1
$\frac{1}{10}$	10
$\frac{1}{20}$	20
10	$\frac{1}{10}$
100	$\frac{1}{100}$

赤の山の部分と青の谷の部分が反対にひっくり返っている場合は「逆位相」といいます。

細かい部分はわからなくてもいいですから、このことだけ覚えておいてください。

7つの習慣コラム

私がよく受ける質問の一つに、説明時間が少なすぎて授業が終わるのか？というものがあります。ディスカッションや話し合いを多用しますから、そう見えるのかもしれません。

一六二ページの「ポイント」のところでも触れていますが、時間を短縮するポイントは、「生徒が教科書を読めばわかるようなことはわざわざ説明しない」ということです。

生徒は話し合いの中で自ら学び取ろうとしますし、すべてを教師が説明する必要などないのです。

要するに、本当に重要なことだけを説明し、後は生徒の自主性を引き出すようにします。これが、「7つの習慣」の第3の習慣である、「最優先事項を優先する」ことではないかと私は考えています。

時間はすべての人に与えられた平等な資源です。大切なことは、重要なことを優先すること。それは、重要ではないことをやらないということです。

練習問題

説明はここまでです。では、練習問題をやりましょう。

皆さんの手元には、練習問題のプリントと確認テストのプリントがありますね。一五分でやりたいので、問題の一番と三番だけにしましょう。練習問題には解答が書いてありますから、その解答を見ながら答えを考えてください。

その後、一三時五五分くらいから確認テストをやります。この確認テストでは、全員が一〇〇点を取れるように頑張ってください。

進め方について何か質問はありますか？　大丈夫かな。では、練習問題を始めてください。時間は一五分です。よーい、どん。

〈練習問題 演習中：生徒たちの間を回りながら〉

さて、今、このチームはみんなで協力できていますか？　どうすればチームで協力し合うことができそうですか？

（生徒） 話し合う。

うん、話し合う。具体的には質問するといいんだよね。「これ、何？」とか「これ、どこに書いてあるのかな？」とか。そうすると、誰かが説明できるでしょ。そうやって、質問したり説明したりを、チームで協力してやってください。みんなで一〇〇点取りましょう。

ここはチームで協力できていますか？　ちょっと固まったのはどうしてかな？　ちょっと怪しいね（笑）。どうすればチームで協力できると思いますか？

（生徒） 質問し合う。

そう、質問し合う。あるいは質問して説明する。「わからない」とか「僕もだよ」とか「ここに書いてあるよ」とか、そんな反応でもいいからね。それと、解答のところをちゃんと見ていますか？　解答を見ながらやってくださいね。

この四人はチームで協力できていますか？　しゃべっていますか？　ぜひ、チームで協力し合ってくださいね。難しいかな？　できる？　大丈夫？　それから、解答をちゃんと見てください。解答を見たほうが早くわかるし、よくわかりますよ。

こちらの五人はチームで協力できていますか？　どんな風にできていますか？　うん？　質問して答え合ってる、全員やっている？　……何だ、その投げやりな答えは（笑）。ちゃんと協力し合ってね。

このチームは、女子が一人だけど大丈夫ですか？　みんなで協力できていますか？　わからない？　そうしたら、どうすればチームで協力することになると思いますか？

（生徒）　考える。

あっ、考えちゃう？　自分がわからないときはみんなに聞いてみればいいよ。「どうすればいいの？」って。それで、みんなで解答を見ながら、「何でこういう答えにな

7つの習慣コラム

これまでの授業、教科では、生徒同士はライバル関係でした。他の生徒よりもよい点数を取り、相対的な偏差値を上げることが目的でした。

しかし、人は協力することで、はるかに高い結果を得ることができます。

そのスタートとなるのが、自分も勝ち、相手も勝つという、「Ｗｉｎ‐Ｗｉｎを考える」ことです。チームで協力するというのは、理解できない人を助けるだけではありません。自分も十分に理解し、なおかつ理解できない人を助けるという、自分も相手も勝つという精神です。

相手の理解を助けるというのは、相手が何を理解できずにいるのかということを、まず理解しなければなりません。相手のニーズを知るということです。そのうえで、自分の意見を言い、理解を助けます。

もう一つ重要なことがあります。人は他者に教えるときに、最も学ぶことができるのです。これこそ、自分にとっての大きなＷｉｎといえるでしょう。

るんだろうね？」って話し合ってごらん。何でもいいから、どんどん質問したり、教えたりして進めてくださいね。

〈全員に向かって〉

ちょっと気になったんですが、みんな、解答のところをちゃんと見てるかな？　この問題は解答解説を見ながら進めてくださいね。

！ポイント

演習が始まりました。最初、生徒たちはお互いにあまり話をしません。こういうときに私たちがどう介入していくかが重要です。ここでは特に、生徒たちを批判したり、禁止したり、命令したりしないで、明るく声をかけることを心がけています。

7つの習慣コラム

「第3の習慣：最優先事項を優先する」の中に、他者に依頼するときは、細かく行動まで指示するのではなく、結果だけを指示し、やり方や方法はその人に任せる、という教えがあります。

「7つの習慣」では、それを「完全なるデリゲーション（委託・委譲、相手に任せること）」と呼んでいますが、そうすることで、任せた相手に主体性と責任が生まれ、依頼されたことを通じて成長することができます。

授業のこの段階で、生徒の中には依然として理解が不十分な生徒がいます。その際にも、答えを教えたくなるのをぐっと我慢し、あくまで質問による介入をしてください。生徒が自主的に問題に取り組み、自ら理解しようとすることが重要です。

あと一〇分で確認テストです。このチームは順調ですか？

（生徒）　ちょっとまずいです。

ちょっとまずい？　時間も意識して進めてくださいね。

確認テストまであと一〇分ですが、このチームは順調ですか？

（生徒）　順調です。

すごい、自信満々な返事！　何で、何で？　何でそんなに自信満々？（笑）　頭いいんだなあ。課題は「みんなで一〇〇点を取ること」だから、頼むよ。

みんなで一〇〇点取れそうですか？　難しい？　解答は見てる？　説明とか計算とかもちゃんと示してね。

さあ、確認テストまであと一〇分を切りました。このチームは順調ですか？　おお、いいですね、自信満々な返事！

！ポイント

同じチームの中にも、学力の高い子とそうでない子がいますが、そのせいで話し合いや協力関係が失敗に終わるということはありません。要は、できる子ができない子に教えやすい雰囲気をつくればいいわけです。

さらにもっと大事なのは、できない子が「わからない」と言いやすい雰囲気をつくることです。これができると、むしろできる子とできない子、多様な個性が集まったチームやクラスのほうが授業はうまくいきます。

〈全員に向かって〉

確認テストまであと九分くらいですが、皆さん、順調ですか？

！ポイント

折に触れ、一言二言、質問で介入することで、生徒たちの話し声が増え、大きくなっていきます。

このチームはみんなで一〇〇点を取れそうですか？　わからなかったらどうすればいいんでしたっけ？　ちゃんと聞けているかな？　女の子一人ですごく心配なんだけど、本当にいじめられてない？　みんなで仲よく協力できていますか？　わかっている人は、みんなに質問したり、教えてあげたりしてくださいね。

！ポイント

この授業では女子が一人しかいなくて、どちらかというと人と話すのが苦手なタイプの生徒だったので、彼女がチーム内で孤立しないよう、何度か私のほうから声かけをするようにしていました。

彼女に限らず、本当に誰とも話ができない生徒もいますから、そういう子に対しては、みんなが問題演習をやっているときに、「調子どう？　わからないことない？」とか「一番の問題はできた？　二番はどう？」などと声をかける必要があります。そこで「わかりません」と言われたら、まずは私から教えて、向こうから質問が出てきたら「その問題はさっきA君ができていたから、私の代わりにA君に説明してもらってもいい？」などと聞くわけです。「いや」と言われたら、また私が教えます。そうやって、次の日も同じ段階を踏んで、「B君はどう？」「いやです」「じゃあ、先生が教えるよ」。その次の日も、「C君どう？」「D君どう？」

　大変そうに思われるかもしれませんが、実はとても簡単なことです。授業は毎回同じパターンのため、最初の一五分で私の説明が終わると、生徒たちは自分たちからワーッと演習に取り組みます。そうなると全体を統括する必要がないので、私には個別の対応をとる余裕がいくらでもあるわけです。そして面白いことに、毎回提案していくと、どの子も必ずどこかでイエスと言ってくれるのです。そのことがわかっているので、「この子はいつイエスと言ってくれるのかな？」と、私としてはワクワクしながら空振りを続けているわけです。

　大事なのは、どんなに長引いてもその子を批判しないこと。「たまには人の話も聞いたら？」などと言うと、すべてが台無しになってしまいます。こういう授業だからこそ、きめ細やかな個別対応が必要になる部分もあるということだと思います。

7つの習慣コラム

主体性を発揮するというのは、自ら率先して意見を堂々と言う、積極的に手を挙げて周囲を引っ張ることだというイメージが強いですが、それだけではありません。

「第1の習慣：主体的である」の本質は、選択と責任です。

自らの意志で選択し、その選択に責任を持つということです。ですから、引っ込みがちで自分から手を挙げての発言が少ないからといって、主体性がないということはありません。無理やり意見を言わせたとしても、それは「主体的」でも何でもありません。

その生徒が自ら選択すること、そしてその選択に責任と自信を持って取り組めるようにすることが教師の役割です。

生徒は誰でも本質的な主体性を持っています。彼らの中にある「自覚、想像、良心、意志」を引き出してあげることが重要なのです途中の式もちゃんと書けるようにしてね。
AとBの違いはどうかな？
素晴らしい、そのとおり、ばっちり！

〈全員に向かって〉

さあ、確認テストまであと五分ですが、順調ですか？
確認テストまであと五分ですが、順調ですか？　三番は一番と似たような問題が多いから、たぶん一番がちゃんとわかっていれば、三番も大丈夫。ラストスパート頑張って！

〈生徒から質問が出る〉

その質問は素晴らしいですね。ぜひ、チームのみんなにも聞いてみてください。

〈全員に向かって〉

確認テストまであと三分くらいです。できそうですか？　全員が一〇〇点取れるように頑張ってください。

説明も全部書けそうですか？　終わってない人がいたら、周りの人は手伝ってあげてください。

はい、一五分です。終了。

！ポイント

基本的には「チームで協力できていますか？」「確認テストまであと一〇分ですが、順調ですか？」、さらに「確認テストまであと五分ですが、順調ですか？」という質問をずっと繰り返しながら各チームを回ります。

チームに介入していくときには、「チームで協力できていますか？」「あと一〇分だけど順調ですか？」などと、チーム全員に向けてふんわり話しかけるようにしています。というのも、特定の生徒に向かって「チームで協力できていますか？」などと聞くと、その子は「俺が悪いのかよ」と思ってしまうかもしれないからです。

「このチームはみんなで協力できていますか?」と、あえて全員にかぶせるような質問をすると、「わかんないや、俺は」なんてぼやく子が出てきて、そうすると、必ずチームの誰かが「おまえ、一番はそんなに難しくないぜ。教えてやるよ」などと言って手伝ってくれるのです。

先生から「そんなに難しくないからやってみなさい」と言われると反発を感じる子でも、友だちだと「ほら、ここに書いてあるじゃん」「そうか」みたいに、だんだん巻き込まれていくのがよくわかります。

先生が個別の生徒に声をかけるというのは、必要な場合もある一方で、なかなか危険なことでもあります。それよりも友だちや周りに支援してもらえるような環境をつくっていくほうが効果的なのではないかと考えています。

確認テスト

　では、確認テストを始めましょう。教科書や資料は伏せるかしまうかして、今回は何も見ないでチャレンジしてみてください。
　見たらわかりますすが、さっきの練習問題と同じ問題です。でも、覚えている答えをそのまま書くのではなく、答えを導くのに必要な図とか説明とか計算を入れて、なるべく丁寧な答案をつくるという意識でやってみてください。五～六分でいけますか？
では、スタート。

〈確認テスト　解答中〉

　途中でちょっと行き詰まるようなら、資料を見たり教科書を見たり、周囲と相談してもいいですよ。他の人の力を借りてもいいから「一〇〇点の答案をつくる」ことを目標にしましょう。さあ、あと二分くらいです。

あと一分です。みんなで一〇〇点取れるように協力し合ってくださいね。わからない人は周りにSOSを出してくださいね。

はい、終了。ちょっと時間が短かったので、途中の人もいるかもしれませんが、そこまでにしましょう。

〈確認テスト：採点法の説明〉

では、採点しましょう。まずは採点の仕方を説明しますから、よく聞いていてください。答案用紙はチームごとに交換して、他の人に採点してもらいます。

採点するときは、だいたい合っていたら丸にしてください。だいたいでいいです。次に、間違いに気づいたら、そこを直してあげてください。直してあげたら正しい答案になりますから、丸にしてください。

それから、ちょっと時間が短かったので、解答が途中で終わってしまっている場合があるかもしれませんが、書いてあるところまでが正しければ、丸にしてください。

そうやって、丸が二つか三つか四つか揃ったら、一〇〇点ですよね。最後は、大きな一〇〇点と、できるだけ派手な花丸をつけて、解答者に返してあげてください。いいですか？　ではチームごとに交換して採点してください。どうぞ。

〈確認テスト　採点中：生徒の間を回りながら〉

そんなに厳しく見なくていいですよ（笑）。だいたい合っていればいいから。みんな丁寧に見るんだねえ。

一〇〇点と花丸をつけてあげてね。

大きな一〇〇点と花丸をつけて返してあげてください。大事なルールですからね。

いいですね、そんな感じで。

一〇〇点と花丸をつけましたか？　バツは直してあげて丸にしてくださいね。それで一〇〇点と花丸になりますから。

一〇〇点だ、一〇〇点。

さて、一〇〇点取れましたか？　おお、かわいい花丸ですね。

〈全員に向かって〉

お疲れ様でした。何となく、だいたい皆さん、一〇〇点が取れているようですね。中身もだいたいわかってくれているようです。

！ポイント

確認テストは直前の練習問題と同じ内容ですし、みんなが一〇〇点になるように「だいたい合っていたら丸」としていますから、回数を重ね

るうちに生徒たちが手を抜き始めるのではないか、と心配される方も多いかもしれません。ですが、二年間やってきての結論としては、答えだけを書くような子も、途中で飽きてしまうような子もいませんでした。

むしろ、確認テストのときに、私は「黙ってね」とか「静かにしてね」などということは一言も言わないのに、用紙を配ったとたん、みんなしんとして、まるで時間を惜しむかのようにカリカリ真剣に書き込み始めるのです。そういう状態が最初の授業から最後の授業までずっと続きました。

その場で感じるのは、彼らの真剣さです。こういう能動的な時間や経験を持つことによって、理解がかなり深まるように思います。彼ら自身、授業の内容を理解したと思っているからこそ、何も見ないで、一生懸命に取り組みたくなるのではないでしょうか。

振り返り

では、ちょっと振り返りをします。渡しておいた、「7つの習慣」の説明の三枚組のプリントを出してください。まずは二ページ目を見てください。いろいろ書いてありますよね。皆さん、事前にざっとは読んできてくれていますか？

三ページ目は同じようなデザインになっていますが、空欄がいっぱいありますね。二ページ目のところを見ながら、「7つの習慣」のそれぞれの項目について、今どんなことを感じているか、あるいはどんなことに気づいたか、そんなことを三ページ目の空欄に書き出してみてください。

時間は六〜七分あります。その間に書いてください。一番下に、全体的な感想を書く欄もあります。それを書きながら、もしこういう授業を次も受けるとしたら、どういう風にやりたいですか？　そんなことも意識しながら書いてみてください。では、どうぞ。

〈振り返り中：生徒たちの間を回りながら〉

一番下の感想を先に書いたほうが書きやすそうですね。そうやっている人もいます。

皆さんもそうしますか。そのほうが書きやすそうですね。

他の人たちは、最後の感想の部分から書いているようです。そのほうが書きやすいみたいですね。全体の感想を書いて、それからできる範囲で空欄を埋めていってください。

！ポイント

このようなアクティブラーニング型授業は、リーダーの養成、あるいはリーダーシップの概念を変えていくために役立つのではないかと考えています。

リーダーシップということでいうと、チームのみんなに教えてあげることだけではなく、わからないことを質問することもまた、十分なリーダーシップの発揮だと思います。たとえば、誰かが「何でこうなるの？」と聞いてくれると、みんなで「そういえば、なぜだろうね？」と頭をひねり始めます。これはまさに、みんなを巻き込むリーダーシップの発揮に当たるのではないでしょうか。こうした役割や視点を持つことも非常に重要なことだと思っています。

7つの習慣コラム

「7つの習慣」では、リーダーシップには、人間関係において「人を導く」というリーダーシップの他に、「自分自身を進むべき方向に導く」というセルフ・リーダーシップがあると説いています。

世間では、リーダーシップとは、組織やチームにおいて率先して全員を引っ張るというイメージを持たれていますが、自分自身を適切に導けない人が、他者を正しく導くことなどできません。
しかし、セルフ・リーダーシップが不十分であるにもかかわらず、人間関係においてリーダーシップを発揮しようとする人たちが少なくありません。信頼に値しない人が、「私についてこい」と言っても、誰もついていかないでしょう。
ですから、リーダーシップを発揮しようと思うならば、まず自分自身に誠実になり、何をすべきかを考え、行動する必要があります。そういう観点から見れば、チームのために自分がやるべきことを自覚し、発言し行動することは、リーダーシップを発揮しているといえると思います。

〈全員に向かって〉

あと三分くらいです。皆さん、だいたい下の感想は書き終えていますよね。上の空欄部分は全部埋めなくていいですから、書きやすそうなところから先に書いてみてください。

あと一分で終わりにします。

はい、そこまでにしましょう。これで、今日の物理の授業終了です。では、終わりましょう。

ポイント

今回の授業を受けた子どもたちにアンケートをとったところ、「友だちと話しながら学習することで、わからないことも気軽に聞くことができてよかった」「みんなで一〇〇点取れてよかった」「みんなで話し合いながら一〇〇点取ることができてよかった」「協力できてよかった」など、みんなで協力できたことに対する充実感や喜びの声が多く見られました。

また、「最初は緊張したけど次第になくなっていった」など、授業の短い時間を通じて、子どもたちがだんだん変わっていく様子も見てとれました。

7つの習慣コラム

「7つの習慣」は、主体性を発揮することから始まり、シナジーを生み出すことで、一つのプロセスとなっていますが、もう一つ重要な習慣があります。

それは「第7の習慣：刃を研ぐ」によって、この主体性からシナジーまでのループを大きくしていくことです。

そのためには、内省し、振り返ることが必要です。今日の自分自身を反省し、次への成長の糧にすることが必要です。

「7つの習慣」では、人には四つの側面（肉体、知性、社会・情緒、精神）があり、その四つの側面すべてを日々磨いていかなければならないとしています。

授業で肉体面を磨くことはできませんが、知性：自分が理解しているところ、理解できていないところはどこか、社会・情緒：チームメンバーに対して良好なコミュニケーションをとることができたか、精神：落ち着き、冷静に取り込むことができたか、と三つの側面に関して自省し、振り返ることで、少しずつ成長のループを実現することができるのです。

あとがき

少し長いあとがきになりますが、以下の三点について述べることにします。

・この本ができるきっかけと経緯
・研究途中で私が気づいたこと
・制作に関わっていただいた皆さんへのお礼

「7つの習慣」との初めての出会い

私は二〇年くらい前に、何の気なしに「7つの習慣」を初めて読みました。それで衝撃を受けたことが二つありました。

一つは「ビジネスというのは金儲けだけを考えている世界ではないのだ！」ということです。ビジネス界にいる人たちには大変失礼なことですが、大学物理科と空手の世界と高校教師の生活しか知らなかった私にはその程度の理解しかありませんでした。

もう一つ印象的だったのは「Ｗｉｎ－Ｗｉｎ」という考え方でした。当時の私は荒れる高校の生徒指導部主任として、毎日、手ごわい生徒たちと「闘って？」いました。それこそ、生徒たちに対して「勝ったり、負けたり」して、くたびれていました。私だけではなく教員集団全体がそういう日々に明け暮れ、疲れ果てていました。そんな中で、この「Ｗｉｎ－Ｗｉｎ」の発想は新鮮でした。主任という立場を生かして、私は生徒の校内喫煙問題にこの発想を試してみることにしました。

当時のこの高校では生徒の喫煙は日常茶飯事でした。特にトイレはまるで喫煙所のよう。生徒指導の先生たちが頻繁に巡回して、煙の臭いのするトイレに飛び込むと、床にはまだ煙の出ている吸い殻が散らばっていますが、そこにいる生徒たちは「俺じゃないよ」とうそぶきます。先生たちもイライラして怒鳴りますがうまくいきません。学校中のトイレは吸い殻の山……。生徒指導部の大きな課題でした。

ここにあるのは、「生徒の喫煙現場をつかまえようとする教師」と「何とか逃げようとする生徒」の対立でした。どちらかが勝てばどちらかは必ず負けます。まさに「Ｗｉｎ－Ｌｏｓｅ」の関係でした。

そこで私は「トイレをきれいにしよう」という方針を立てました。先生たちには「生徒をつかまえるのではなく、吸い殻を片付けるための巡回」をお願いしました。生徒指導部内の会議では反対意見続出。でも「まあ、主任の提案だから、やってみましょう」と通してくれました。職員会議でも反対意見と懐疑論は続出しましたが、「他にアイデアないしね」と通してくれました。

この巡回は驚きの結果となりました。一～二週間でトイレはきれいになったのです。もちろん生徒たちが禁煙してくれたとは思いませんが、少なくとも先生たちが吸い殻拾いをしている姿を見て、「先生、ありがとうございます」「やっぱ、トイレはきれいなほうがいいよね」という生徒が出てきたのです。

中には掃除を手伝ってくれる生徒もいました。先生たちは喜びます。生徒たちも喜びます。私は「ああ、これがＷｉｎ－Ｗｉｎの効果なんだ！」と「7つの習慣」の威力に感動しました。

「7つの習慣」との再会と執筆への経緯

それから、いろいろな学びを積み重ね、ＡＬ型授業を開発して成果を上げ、高校教諭を定年退職して、ひょんなことから産業能率大学経営学部の教授になった私は、再び「7つの習慣」と出会いました。

教授になって一年目の秋に「フランクリン・コヴィー・ジャパンの人が小林さんの授業を見たいそうです」とスタッフから声をかけられました。「何で？　大学とどんな関係があるの？」と戸惑う私に、「来年度から正規授業に『7つの習慣』を入れるんです。その打ち合わせに何度も大学に来てもらっています。で、小林さんの授業に興味を持ってくれたみたいですよ」との返事でした。

初年度は、フランクリン・コヴィー・ジャパンの副社長の竹村富士徳氏が直接授業を担当してくれました。たまたま、その時間が空いていた私は特別に聴講させてもらうことにしました。約二〇年ぶりの学習でした。それも竹村氏の授業を受けられたのは幸運でした。

受講している学生の大半は私の授業も受けていましたから、授業中や休み時間にこの授業の話題を取り上げる機会も増えました。そんな中で学生がしばしば言い出したのは「先生のＡＬ型授業でやろうとしていることと、『7つの習慣』で目指していることはほとんど一緒だよね」「これって、セットで学べるよね」などの意見でした。言われてみればそのとおりです。私も興味津々になってきました。

そんなときに、フランクリン・コヴィー・ジャパンの方から「アクティブラーニングと『7つの習慣』で本を出しませんか」と声をかけられました。まさに「渡りに船」です。二つ返事で取り掛かることにしました。

二つの壁

とはいえ、二つの壁がありました。

一つは、私がそれほど「7つの習慣」を理解していないということです。これについては、フランクリン・コヴィー・ジャパンの皆さんが次々に手助けの案を出してくれました。参考になる本を（それも手短に読める本を）次々に紹介してくれました。また、基本的な執筆は「7つの習慣」に詳しいライターさんにやってもらうという提案もしてくれました。これはありがたいことでした。私にしてみれば、執筆をしながら特別扱いで「７つの習慣」を学ばせてもらえるという実にありがたい解決策でした。

もう一つの壁は、ＡＬ型授業と「７つの習慣」の関係を学校の先生たちや生徒たちがしっかりと理解してくれるだろうかという不安でした。竹村氏の授業を聞きながら、私のＡＬ型授業と「７つの習慣」の関係が密接であることをますます深く理解していきましたから、この本に対する意欲も非常に高まっていました。しかし、先生たちや生徒たちが大きな違和感を持つようなら、何らかの手立てを考えなくてはならないとも思っていたのです。

対策として、先生たちや生徒たち向けに研修会をやってみようと考えました。そこで先生たちにＡＬ型授業を受けてもらったり、生徒向けの授業を見ていただいたりしたうえで、その関連について考えてもらおうというものです。

この試みは大成功でした。私や出版チームの予想以上に生徒や先生たちの反応は前向きでした。研修会に参加してくれた先生たちからは「早くその本を読みたい」「まだ出ないのですか」と何度も催促されるほどになりました。

「私的成功から公的成功」、その逆もあるのでは？

「7つの習慣」では「私的成功から公的成功」へと向かうプロセスを重視します。まずは自立して、それから相互依存へと進むというこの図式はとてもわかりやすいものです。学習指導要領の諮問などの中に出てくる「主体的な学び・協働的な学び」とも呼応するものですから、私としても大賛成なのです。

そして、「7つの習慣」からは「まずは自立することが大事。それから公的成功・相互依存へ進むのです」というニュアンスが強く伝わってきます。これは「主体的な学び・協働的な学び」に関する多くの先生たちの理解とも共通する気がします。つまり「生徒がまずはやる気になって、意欲的に授業に臨まないと、グループワークなどできないですよね～」という感覚です。

そうなると、先生たちは「まずは一人ひとりをきちんとさせなくては」と考えます。そこで宿題のチェックを行い、ノート点検を行います。グループワークの最中も気になる生徒の一人ひとりに声をかけ、時には注意をして、まずは「自立・私的成功と主体的な学び」をきちんとさせてから、「相互依存・公的成功と協働的な学び」へと移行させようとしているように見えます。

この流れは論理的にはスムーズです。個（部分）から全体への図式はどこにでもある図式ですから、多くの人を納得させるに十分です。でも、私の中では「それだけなの？」という違和感が広がっていきました。

主にチーム・グループに介入する私

自分の物理授業をＡＬ型に切り替えて成果を上げるため、実にさまざまな工夫をしてきました。そのうちの大きな工夫の一つが、各グループに働きかける方法の開発です。

「しゃべる・質問する・説明する・動く（立ち歩く）・チームで協力する・チームに貢献する」の態度目標と「全員で一〇〇点を取る」という目標を設定したうえで、各チームに対して「チームで協力できていますか？」「あと一〇分だけど順調ですか？」などと「質問で介入する」ことで生徒たちの学習方法を鍛え、特に「協働的な学び」を促進することに力を注ぎました。すると、生徒個々人の「主体的な学び」が「生徒相互の協働的な学びの結果」として促進されるという現象が次々に起こり始めたのです。

たとえば、「ダメだ、俺、今日の問題は全然できない」と投げ出す生徒がいます。私はこういう生徒に何も言いません。すると、隣の生徒が「え、そんなに難しくないよ。一番はさあ、ここに注目すると簡単だよ」と声をかけます。すると「え……？」「へぇ……ああ、そうかあ……なるほどね。じゃあ、次はこうなるわけ？」「そそ、できそうでしょ」「確かに……ちょっとやってみるよ」と、巻き込まれていくのです。

そこで私は個別介入は、基本的には行わなくなりました。協働的な学びを促進することに重点をおけば、自動的に生徒個々人の主体的な学びは促進されるという信念が形成されていきました。つまり、授業者として「公的成功」を促進する働きかけをすることで、生徒の「私的成功」を促進するという別の方向もあるということです。

ここは、まだ思いつきレベルなのですが、皆さんにも意識して試していただけるとありがたいと思っています。

関わってくださった多くの皆様への謝辞

何よりお礼を申し上げたいのは、二回の研究会に半日を割いて出席していただいた先生方です。心より厚くお礼申し上げます。前述したとおり、先生たちの熱心な参加と、貴重なご意見がなければ、これほど自信を持ってAL型授業と「7つの習慣」の関連を世に出すことはできませんでした。

特に、富山県立小杉高校では先生たちだけでなく、生徒の皆さんにも体験授業に参加してもらいました。土曜日に登校していただき、たくさんの先生たちの見ている前で、またカメラも回る中で、物理の授業を体験していただきました。いやなそぶりひとつ見せることなく、生徒の皆さんが熱心に取り組んでくださったことに、感謝いたします。また、呼びかけにすぐに呼応していただいた松平健二校長先生のリードの下、蒲田雅樹教頭、福島真教務主任、野村和佳子教諭（物理担当）、斉藤匠平教諭（数学担当）の各先生には、日程調整や会場準備、県内の先生たちへの呼びかけなど、本当に多大なるお骨折りをいただきました。この場を借りて皆様に改めてお礼申し上げます。

最後に、フランクリン・コヴィー・ジャパンの皆様にお礼申し上げます。竹村富士徳氏には授業を聴講させていただいたことに感謝申し上げます。仕事が入るために、遅刻・早退の多い不良学生そのものの出席状況でしたが、快く迎えていただきました。とてもよい学習になりました。

また、同社の正木晃氏には私が「7つの習慣」を理解するために実に多くのヒントをいただきました。ライターの猪口真さんには私の言いたいことを実に見事に文章化していただきました。営業・学校教育担当の鈴木博美さんには、研修会の手配や記録・分析などでお世話になりました。ありがとうございました。

二〇一六年二月

小林昭文

著者略歴

小林　昭文（こばやし　あきふみ）

埼玉大学理工学部物理学科卒業。空手のプロを経て埼玉県立高校教諭として25年間勤務して2013年3月に定年退職。

高校教諭として在職中に、カウンセリング、コーチング、エンカウンターグループ、メンタリング、アクションラーニングなどを学び、それらを応用して高校物理授業をアクティブラーニング型授業として開発し成果を上げげた。

退職後、河合塾教育研究開発機構研究員（2013年4月〜）、産業能率大学経営学部教授（2014年4月〜）などの立場で実践・研究しつつ、年間百回前後のペースで高校等の研修会講師を務めている。

E-mail：akikb2@hotmail.com

7つの習慣×アクティブラーニング
―― 最強の学習習慣が生まれた！ ――

〈検印廃止〉

著　者　小林　昭文
監　修　フランクリン・コヴィー・ジャパン
発行者　飯島　聡也
発行所　産業能率大学出版部
東京都世田谷区等々力6-39-15　〒158-8630
（電話）03（6432）2536
（FAX）03（6432）2537
（振替口座）00100-2-112912

2016年3月30日　初版1刷発行

印刷所　渡辺印刷　製本所　渡辺印刷

（落丁・乱丁はお取り替えいたします）　ISBN 978-4-382-05735-7